LIEUX MAGIQUES ET SACRÉS D'ALSACE ET DES VOSGES

G. Altenbach B. Legrais

LIEUX MAGIQUES ET SACRÉS D'ALSACE ET DES VOSGES

Les Hauts Lieux vibratoires de la Santé

Editions du Rhin

Des mêmes auteurs, en préparation :

— Lieux magiques et sacrés de la planète
— La médecine géodynamique

« Cet ouvrage est comparable à une grande chaîne où chacun est venu apporter un maillon de lui-même ».

Nous adressons nos plus sincères remerciements à toutes les personnes qui ont contribué à la réalisation de cet ouvrage, de son vaporeux projet à sa forme finale.

Mais comment témoigner notre gratitude :

— au hasard qui nous mettait fortuitement en relation avec les êtres (dont nous ignorions l'existence) qui nous apportaient un élément au moment précis où nous en avions besoin,

— à la main divine qui nous plaçait en présence des documents sans lesquels nous ne pouvions continuer la rédaction,

— à l'impulsion céleste qui nous « égarait » quand nous cherchions un site et de ce fait nous donnait l'occasion de découvrir un lieu plus « vibrant ».

Puissent « les Lieux Magiques et Sacrés d'Alsace et des Vosges » révéler la présence subtile et rendre service aux êtres qui sont à la recherche... de leur maillon manquant.

Les auteurs

INTRODUCTION

L'Alsace, terre riche de traditions et de gastronomie, est aussi une terre magique et sacrée, bénie du Ciel.

Les épaisses forêts des Vosges protègent certains sites étranges, souvent peuplés, selon les récits populaires, d'êtres surnaturels dont l'origine serait antérieure à l'époque préceltique.

Il existe de nombreux lieux bénéfiques qui rechargent en énergies vitales les êtres qui y séjournent. Dans ces endroits une interférence entre les ondes telluriques qui jaillissent du centre de la terre et les ondes cosmiques qui nous viennent du cosmos, crée des lieux où il est possible de bénéficier de ce magnétisme cosmo-tellurique pour se régénérer, mais aussi pour guérir.

L'Alsace, ce rectangle d'environ 140 km de long et de 30 à 40 km de large, est délimitée, à l'ouest par les Vosges, à l'est par le Rhin, au sud par les premiers contreforts du Jura et au nord par la petite rivière de la Lauter, peut être considérée sur le plan géologique comme très particulière.

Ce n'est pas par hasard que les Celtes ont choisi d'élire domicile il y a plus de 4.000 ans dans notre région, d'ailleurs profondément marquée par leur passage. Le nom de « Vosges » dérive du dieu celte « Vogesus ». A ce titre, la forêt de Haguenau abrite près de 500 tertres funéraires des Proceltes.

De nombreux lieux de culte ou de refuge subsistent en Alsace, tels que le mur païen du Mont Sainte-Odile, les rochers du Taennchel, le Donon, plusieurs dizaines de châteaux-forts médiévaux.

L'histoire mouvementée et les différentes destinées de l'Alsace ont un rapport direct avec la géologie de notre région.

Des recherches, effectuées depuis le début du siècle en Europe, aux Etats-Unis et en U.R.S.S., démontrent l'influence des rayonnements du sous-sol sur la santé de l'humanité, mais aussi sur sa vie, son comportement et son évolution.

Les esprits cartésiens et rationalistes découvrent seulement l'influence des « rayonnements dits nocifs » qui émanent du sous-sol.

Ces rayonnements nocifs, ou ondes nocives, proviennent d'un déséquilibre cosmo-tellurique.

Nos cellules vivent et s'épanouissent dans l'équilibre de la dualité des ondes cosmiques et des ondes telluriques. Si un élément vient rompre cet équilibre, il se produit une perturbation vibratoire de la vie de la cellule qui occasionne un dérèglement dans la vie des tissus et des glandes. Ce dérèglement engendre des maux divers suivant le degré de réceptivité et de vitalité des êtres qui séjournent sur ces lieux perturbés : de l'insomnie au cancer, en passant par la dépression nerveuse.

L'équilibre cosmo-tellurique peut être rompu par des accidents géologiques :

— cours d'eau souterrains ;

— failles géologiques ;

— poches de gaz ;

— cavernes souterraines ;

— galeries de mines obstruées ;

— gisements de minerais (uranium) ;

mais aussi par des erreurs d'architecture, des électrifications trop intenses, des isolations synthétiques, un emploi trop important de masses métalliques et de béton armé.

Nos activités professionnelles de radiesthologie nous mettent journellement en présence de ces phénomènes et problèmes. Nous avons examiné plusieurs centaines de situations.

Nous constatons souvent qu'il suffit parfois, dans certains cas d'asthme, de déplacer le lit du souffrant de quelques dizaines de centimètres pour arrêter une crise d'asthme, ou de mettre un dispositif protecteur contre les ondes telluriques nocives pour qu'un enfant chétif et scrofuleux se développe rapidement, physiquement et intellectuellement. Une jument atteinte d'eczéma et condamnée à l'abattoir pouline encore de nombreuses fois, tout à fait normalement, après avoir été transférée dans un autre box.

Les Romains, avant de construire une ville, faisaient paître un troupeau de moutons dans la zone choisie pendant un an, puis effectuaient l'autopsie des animaux pour connaître l'incidence des lieux sur le fonctionnement des organes. C'est le résultat de cette analyse qui les décidait à élire domicile ou non à cet emplacement. A Mandeure (Montbéliard), par exemple, au sud de l'Alsace, subsistent les vestiges d'un théâtre romain. Dans les environs de ce théâtre les rayonnements mesurés au géodynamètre sont de + 10 ce qui correspond à une Onde de Vie au-dessus de la moyenne (0).

Si nous nous éloignons de quelques kilomètres de Mandeure, l'Onde de Vie descend à – 15, aux environs d'Audincourt.

L'Onde de Vie – 15 correspond à celle enregistrée au sommet de certains immeubles trés élevés.

Les anciens Chinois n'ignoraient pas les influences cosmotelluriques puisqu'ils évitaient soigneusement certaines zones qu'ils appelaient les « veines de dragon » et qu'ils pouvaient détecter par leur perception de la nature plus aiguisée que la nôtre.

De nombreuses cathédrales sont bâties sur d'anciens lieux de cultes celtiques, souvent sur des dolmens érigés il y a quelquefois 6.000 ans. L'Onde de Vie mesurée au géodynamètre dans ces lieux dépasse parfois + 35.

A divers endroits de la planète nos ancêtres ont érigé, il y a quelques milliers d'années :

— des mégalithes (dolmens, menhirs) et plus particulièrement à Stonehenge en Angleterre et en Bretagne en France ;

— des pyramides en Egypte et en Amérique latine ;

— de gigantesques statues sur l'Ile-de-Pâques.

Dans quel but ?

Ces constructions ont pu être utilisées par des initiés dans des fonctions de culte mais peut-être aussi :

— pour amplifier les possibilités paranormales ;

— pour communiquer à distance ;

— pour apporter des énergies vitales pour les combats ;

— pour accéder à une autre dimension ;

— pour régénérer la planète ;

— pour permettre à l'humain une évolution plus rapide ;

— pour alimenter les moyens de locomotion des visiteurs de la 4e dimension ;

— pour véhiculer des objets ou se véhiculer eux-mêmes.

De nos jours nous avons perdu le mode d'emploi de ces constructions fantastiques qui servaient à capter, canaliser, condenser et diriger les ondes cosmo-telluriques qui en quelque sorte étaient des énergies.

Pourtant, quelques rares initiés ont encore la Connaissance, qui est la connaissance des secrets de la nature et du cosmos et des pouvoirs magiques et spirituels qui en découlent.

Ces initiés œuvrent discrètement à l'évolution de l'humanité.

Certains de ces lieux dégagent un magnétisme régénérateur cosmo-tellurique qui peut être utilisé pour la revitalisation ou pour la guérison.

L'Alsace a le privilège de posséder de nombreux lieux bénéfiques. Mais il ne faut pas assimiler tous les traditionnels lieux de pèlerinages ou tous les rochers auxquels sont liées des légendes fantastiques mentionnant des géants, des fées ou des sorcières aux réels lieux sacrés et magiques qui bénéficient d'une Onde de Vie exceptionnelle, régénératrice et parfois guérisseuse.

Il existe en Alsace différents lieux magiques et sacrés qui peuvent être classés en trois catégories :

1) **Les points :** *des pierres, des roches, des chapelles, qui propagent un rayonnement bénéfique autour d'elles dans un rayon de quelques mètres. (Par exemple le menhir de Soultzmatt).*

2) **Les zones :** *une montagne ou un flanc de montagne, un village. (Par exemple les Trois-Epis).*

3) **Les axes :** *une bande magnétique bénéfique qui relie différents hauts lieux. (Par exemple : Donon, Champ du Feu, Mont Sainte-Odile).*

Une visite, une promenade ou un séjour sur ces lieux bénéfiques peut apporter :

— une profonde détente ;

— un bien-être ;

— une paix sereine ;

— une harmonie vibratoire.

En certains lieux, l'organisme tout entier peut être régénéré.

Eventuellement, si l'exposition est trop brusque ou trop longue en un point puissant, une crise d'élimination peut se produire (sur le plan physique ou psychique). Les nombreux cas observés démontrent que chaque réaction est différente selon ce que porte la personne en elle :

— *son état de santé ;*

— *son degré de vitalité ;*

— *son degré de réceptivité ;*

— *son taux vibratoire ;*

— *son évolution spirituelle ;*

— *son ouverture ;*

— *ses vœux ;*

— *sa foi.*

Il ne faut pas oublier que ces lieux sacrés ont été, et certains le sont encore, des lieux d'initiation où le futur initié s'imprègnait des énergies cosmo-telluriques pour élever son taux vibratoire et débloquer ses facultés parapsychologiques de manière à lui permettre de percevoir et ressentir certaines subtilités et phénomènes et communiquer ainsi avec les forces cosmiques et telluriques.

Les circuits initiatiques empruntent d'ailleurs les points forts du magnétisme terrestre. Des chercheurs ont constaté que les oiseaux migrateurs se dirigent d'après ce magnétisme terrestre et certaines statistiques démontrent que les trajectoires d'O.V.N.I. coïncident avec des axes magnétiques, à croire que les visiteurs de la 4e dimension arrivent à nous par le canal des points forts du réseau magnétique...

Première partie

LA RADIESTHOLOGIE ET LE GÉODYNAMÈTRE

LA RADIESTHOLOGIE ET LE GÉODYNAMÈTRE

LA RADIESTHOLOGIE

La radiesthologie est cet art, cette science du subtil, qui permet d'utiliser les inépuisables facultés qui demeurent au fond de chaque être pour pouvoir communiquer avec le subtil de la matière.

La radiesthologie rejoint la radiesthésie sur les principes de base « sensitifs et intuitifs », mais comprend également une connaissance approfondie de la géobiologie et l'étude des émissions dues aux formes.

La radiesthologie ne s'apprend pas, elle se vit.

C'est par l'élévation de son taux vibratoire que le radiesthologue peut effectuer sans erreur des recherches dans le domaine de la géodynamique, telles que mesurer :

— l'intensité des rayonnements bénéfiques (Onde de Vie) ou nocifs d'un lieu ;

— la longueur de la radiation vitale des organes du corps humain pour établir une étude de santé ;

— l'énergie vitale des aliments.

Ces mesures sont effectuées avec les antennes géodynamiques et le pendule.

Les antennes géodynamiques permettent de localiser les zones bénéfiques, neutres ou nocives sur le terrain.

LE GÉODYNAMÈTRE

C'est avec le géodynamètre et avec un pendule que le radiesthologue mesure l'intensité des rayonnements d'un lieu, l'Onde de Vie géodynamique.

Il est à noter qu'un radiesthologue peut effectuer ces travaux sur le terrain, mais aussi sur plan.

Un radiesthologue est en mesure de faire la différence entre « la nocivité » et le « rayonnement ». Ce discernement est un sujet de discorde pour la majorité des radiesthésistes.

Le géodynamètre est une règle, créée par l'Institut de Recherches en Radiesthologie et en Médecine Géodynamique et qui est graduée de « – 50 » à « + 50 ».

A) Zones neutres et perturbées :

— « **0** » correspond à l'équilibre moyen cosmo-tellurique, c'est-à-dire que la zone est neutre.

— « **0 à – 10** » correspond à une zone perturbée qui risque, au fil des années, d'engendrer la maladie qui souvent commence par des insomnies.

Ce sont souvent des zones dont le sous-sol est parcouru par des cours d'eau souterrains dont parfois la nocivité est amplifiée par le réseau Hartmann.

— « **– 10 à – 20** » correspond à une zone très perturbée qui risque très rapidement d'occasionner de sérieux problèmes de santé, cardio-vasculaire, etc.

— « – **20 et plus** » il est conseillé de fuir cette zone ou de faire rééquilibrer les ondes cosmo-telluriques très rapidement puisque cette mesure correspond au cancer.

La nocivité de ces deux dernières zones provient souvent :

— d'une faille géologique, d'une caverne souterraine, qui ne peuvent être détectées par des radiesthésistes-sourciers puisqu'il n'y a pas d'eau ;

— d'un croisement de plusieurs cours d'eau souterrains ;

— d'un cours d'eau souterrain amplifié par une faille géologique ;

— d'un cours d'eau souterrain ou d'une faille géologique amplifiée par un nœud Hartmann.

Tous ces phénomènes de nocivité sont amplifiés par les constructions actuelles comprenant :

— du béton armé ;

— d'importantes masses métalliques ;

— des isolations anti-naturelles (polystyrène) ;

— des matériaux synthétiques.

L'électrification à outrance contribue à perturber les champs magnétiques naturels.

Les constructions « antivie » filtrent l'onde cosmique et placent la cellule dans un « champ de vie antinaturel ».

B) Zones bénéfiques :

— « **+ 10 à + 15** » correspond à une bonne Onde de Vie géodynamique. Nous retrouvons cette mesure dans certains lieux occupés jadis par les Romains (Mandeure - Montbéliard).

Nos habitations devraient avoir cette intensité de vie de façon à permettre à nos cellules vivantes de croître, de s'épanouir sainement à l'abri des maladies.

— « **+ 15 à + 25** » correspond à des lieux bénéfiques où il est possible de se recharger en magnétisme vital (Trois-Epis).

— « **+ 25 à +35** » correspond à des lieux privilégiés où l'intensité est très forte. Dans ces lieux il est conseillé de ne s'exposer que quelques minutes pour ne pas produire l'effet inverse (dolmen du Schauenberg).

— « **Au-delà de + 35** » l'Onde de Vie est extrêmement puissante. Ces lieux sacrés sont réservés aux initiés, pourvus d'un taux vibratoire élevé qui leur permet d'opérer une alchimie entre leur taux vibratoire et cette Onde de Vie.

L'ÉNERGIE VITALE DES ALIMENTS

Lors de leur absorption, les aliments nous apportent des éléments vitaux palpables, tels que la cellulose, les vitamines, les minéraux, c'est-à-dire la matière. Notre corps a aussi besoin d'autres éléments plus subtils, tels que le « prana », contenu dans l'air qui est une énergie de vie ou l'énergie vitale dont sont pourvus les aliments.

Cette énergie vitale des aliments peut être mesurée au géodynamètre au même titre que l'intensité de l'Onde de Vie géodynamique.

L'homme est énergie, vibration, rayonnement comme tout corps dans la nature. Nos ancêtres savaient se nourrir de ce fruit vivant qu'est l'énergie vitale — celle qui transmet et anime la vie de nos cellules — le fruit, le légume fraîchement cueilli garde encore cette vitalité quelques heures... et plus quand il ne provient pas de culture intensive.

Un légume cultivé de façon naturelle indique une énergie vitale de « + 30 » alors que le même produit cultivé avec des engrais chimiques et des pesticides, indique au géodynamètre « − 25 » et parfois moins.

Il est à noter que certains légumes, produits laitiers ou pain « complet », vendus dans des magasins de diététique, à des prix « diététiques », accusent une énergie vitale de « − 25 » !

Les causes de cette énigme sont diverses :

— les produits ne sont pas réellement naturels ;

— les légumes ou les laitages sont produits sur des zones nocives (ou radio-actives) ;

— les denrées sont entreposées dans des lieux perturbés par des rayonnements nocifs.

Il faut savoir que la plupart des conserves indiquent une radiation vitale de « − 50 ».

LA LONGUEUR DE LA RADIATION VITALE D'UN CORPS HUMAIN

Un être de bonne constitution, en bonne santé et dans la force de l'âge a une longueur de radiation vitale au géodynamètre entre + 5 et + 15.

La longueur de radiation vitale d'une personne malade descend à − 5 ou nettement plus bas suivant la gravité du mal.

Un cancer, une dégénérescence des cellules accusent − 35.

Un être qui est arrivé au bout de sa vie a une longueur de radiation vitale de − 45.

A la naissance, un enfant peut avoir une longueur de radiation vitale de + 15 s'il a une très bonne vitalité. + 15 est en quelque sorte son capital santé.

Une alimentation en « petits pots », les antibiotiques, les vaccinations, une exposition sur une zone perturbée, peuvent rapidement carencer ce capital santé.

L'INFLUENCE DE L'INTENSITÉ DES RADIATIONS VITALES ET DE L'ONDE DE VIE GÉODYNAMIQUE SUR LA SANTÉ PRINCIPE DE COMPENSATION

Une personne dont la longueur de radiation vitale est de + 10 en séjournant sur une zone perturbée, dont l'Onde de Vie géodynamique est mesurée à – 25 verra très rapidement son tonus décroître et sa santé s'amenuiser.

Une compensation va s'effectuer entre la radiation positive de la personne et la radiation négative du lieu perturbé. C'est la radiation cosmo-tellurique, l'Onde de Vie géodynamique qui est prépondérante et qui impose son intensité aux éléments qui y séjournent (êtres vivants ou aliments).

Une personne malade dont la longueur de radiation vitale est de – 20 pourra voir son état de santé s'améliorer en séjournant sur des lieux où l'Onde de Vie géodynamique est de + 25 sans modifier son alimentation ou son traitement, toujours selon le même principe de compensation.

De même, un être dont la longueur de radiation vitale est de + 15 verra, au fil des mois et des années, baisser ce chiffre en s'alimentant de produits alimentaires dont l'énergie vitale est inférieure à sa propre longueur de radiation vitale, c'est-à-dire + 15. S'il se nourrit, par exemple, de denrées traitées et dévitalisées, d'une énergie vitale de 0 ou de – 10. Toujours selon le principe de compensation et des vases communiquants.

D'où l'extrême importance de vivre sur des lieux sains et d'avoir une alimentation saine pour préserver notre capital santé.

L'équilibre cosmo-tellurique est la base de tout équilibre, la base de toute thérapeutique. C'est le premier pas vers la guérison.

Deuxième partie

LIEUX MAGIQUES ET SACRÉS DU SUD DE L'ALSACE ET DES VOSGES

LIEUX MAGIQUES ET SACRÉS
« ALSACE-VOSGES »
SUD

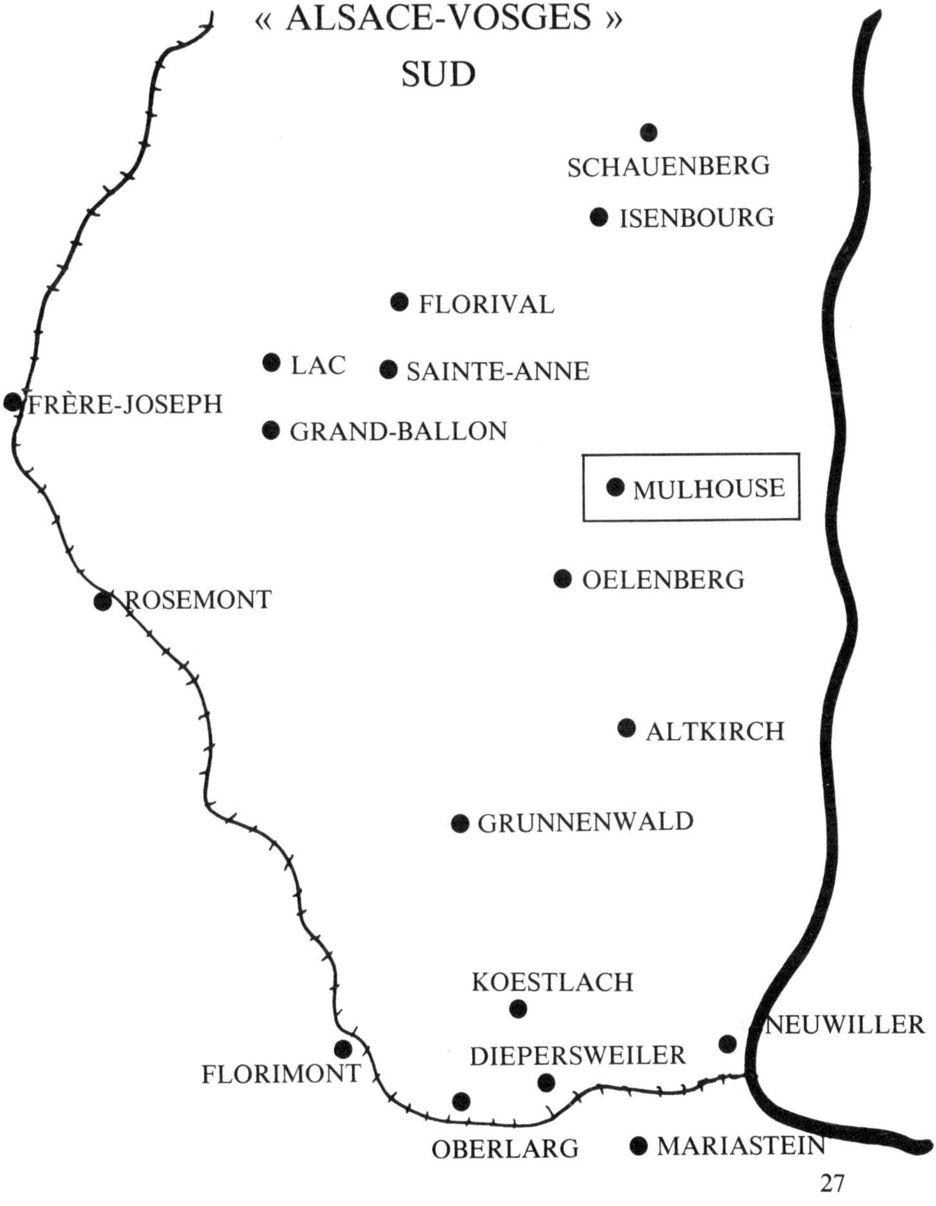

HISTOIRE GÉOLOGIQUE DE L'ALSACE ET DES VOSGES

Avant d'aborder le chapitre de l'histoire géologique de l'Alsace, imaginons quelques instants la plaine d'Alsace d'il y a quelques centaines de milliers d'années.

La mer Méditerranée s'étendait de la Scandinavie jusqu'à l'Afrique saharienne et avait pour rivages les Hautes-Vosges cristallines.

L'homme n'allait « apparaître » que bien plus tard.

Sur le plan géologique, l'Alsace est pourvue de roches de presque tous les âges. Certaines roches datent de 600 à 700 millions d'années. Les schistes de Villé, grandes lamelles à l'aspect lustré ou satiné, sont visibles derrière le petit village de Saint-Martin.

Les formes actuelles du relief sont dues au relèvement tertiaire du bloc des Vosges - Forêt-Noire qui s'est scindé par dislocation le long des failles et par l'effondrement de la partie centrale : la plaine d'Alsace.

L'érosion, les glaciations du quaternaire ont modelé des marmites glaciaires (en aval du lac du Ballon), des cirques glaciaires (Martinswand), des cascades (Tendon), des rochers isolés (Tanet) et suivant la nature des roches, les ont façonnés parfois de la manière la plus étrange et la plus fantastique.

La main de l'homme a parfois achevé l'œuvre de la nature à sa façon en sculptant ces roches.

C'est pendant **l'ère précambrien** (avant l'âge primaire), il y a un milliard d'années, que s'est effectué le plissement penthévrien, puis le plissement de la chaîne assyntienne ou cadomienne. Estimés à environ 600 millions d'années, les schistes de Villé (Phyllades) sont considérés comme une des roches les plus anciennes d'Europe. Ces schistes présentent de grandes lamelles de séricite et se localisent en une large bande allant d'Andlau à Saales.

A **l'ère primaire**, du plissement de la chaîne calédonienne, vers 430 millions d'années, subsistent des schistes ardoisés, rouge violacé, parfois tachetés de flammes verdâtres, ce sont les schistes de Steige.

Autour de – 340 millions d'années et – 280 millions d'années, s'effectue le plissement de la chaîne hercynienne. Lors de l'époque carbonifère se forme la houille par décomposition de la flore à l'abri de l'air et sous l'influence des microorganismes.

L'**ère secondaire** est l'ère de la formation (par les boues de sable déposées par les cours d'eau) du grès vosgien formé de grains de quartz rose. Le grès atteint une couche de 300 m au Dabo et de 200 m au Mont Sainte-Odile.

L'**ère tertiaire** voit la naissance de l'Alsace :

a) relèvement du bloc Vosges - Forêt-Noire ;

b) le long des failles ce bloc est scindé par dislocation ;

c) effondrement de la plaine du Rhin.

Pendant l'ère tertiaire se forment l'argile dans la région de Soufflenheim et la potasse d'Alsace qui est un mélange de chlorures de sodium et de potassium. Dans les lagunes s'effectue la formation du pétrole (Pechelbronn) qui est une roche liquide issue d'algues et de petits animaux marins ayant subi une transformation anaérobie.

Pendant l'ère **quaternaire** le relèvement et l'affaissement de la cassure Vosges - Forêt-Noire s'accentuent. C'est la période du plissement alpin.

Dans la plaine se constitue le loess.

Le loess est une couverture argilo-calcaire qui assure la fertilité de la plaine d'Alsace.

Le loess qui s'est déposé durant les périodes froides du quaternaire est une formation éolienne (par le vent).

C'est à partir d'une végétation aquatique que s'est formée la tourbe (Tourbières des Vosges ou au nord de Strasbourg).

L'analyse pollinique des tourbes recueillies dans certaines vallées permet de reconstituer une végétation de toundra glacée, de forêts de pins et de bouleaux des régions bordant l'Arctique.

L'Alsace, par sa position sur une faille sismique, a été secouée de nombreuses fois au cours de l'histoire par des tremblements de terre. De nos jours encore se manifestent parfois des vibrations telluriques.

Une faille sismique provenant du Massif central traverse l'Alsace et rejoint la Norvège.

Un courant tellurique venant du Tyrol, se divise à Bâle pour continuer vers le nord en passant par l'Alsace, vers l'ouest, la Bretagne, en passant par la trouée de Belfort.

Ces particularités font de l'Alsace une région sujette à des perturbations sur le plan des « ondes nocives », mais avant tout une région privilégiée sur le plan des interférences cosmotelluriques qui compensent très largement cet inconvénient.

(C'est ce que nous appellerons le revers de la médaille, une médaille fascinante et fantastique).

« J'ai toujours ressenti quelque chose que je ne pouvais pas expliquer... ».

Nous avons recherché et sélectionné ces lieux bénéfiques par une méthode que nous avons dénommée la radiesthologie et nous avons mesuré l'intensité de ces lieux avec un géodynamètre, mais, certains de ces lieux sont connus par de nombreuses personnes qui ne leur attribuent pas spécialement la qualification de magique ou de sacré.

Lors de nos conférences, ou lors de simples discussions, certains auditeurs nous rapportent qu'effectivement ils préfèrent se promener et séjourner dans les lieux ou zones que nous avons sélectionnés comme étant des lieux bénéfiques, mais sans savoir exactement pourquoi.

Plusieurs personnes nous ont fait la remarque suivante :

« Passionnés de balades et de randonnées dans les Vosges depuis de nombreuses années, nous avons effectivement constaté que parfois nous prévoyions, au début de la randonnée, de nous arrêter pour déjeuner à midi pile et quand arrivait l'heure fixée pour l'arrêt nous ne pouvions nous décider à choisir un emplacement pour le déjeuner et nous avions l'impression que quelque chose nous poussait à aller plus loin. Souvent nous marchions encore une demi-heure ou une heure avant de poser les sacs et de nous installer pour manger et généralement nous passions à cet endroit une grande partie de l'après-midi à discuter et à partager des idées, dans une très bonne ambiance... ».

Certains passionnés de montagne nous ont fait part de la constatation suivante :

« Parfois fatigués de notre marche de la matinée (la montée) nous déjeunions très rapidement pendant la pause de midi, comme si nous étions incommodés par quelque chose d'imperceptible. C'est d'ailleurs pendant ces arrêts-là que les enfants sont le plus nerveux et le plus irritables... ».

Vous qui lisez cet ouvrage, vous avez peut-être ressenti les phénomènes précités ou alors vous avez fait l'expérience suivante :

« Lors de la sortie dominicale nous allons « pique-niquer » dans la nature et parfois nous rentrons en pleine forme, optimistes et reposés et parfois, malgré quelques heures de sieste dans une chaise longue, toute la famille se sent lourde et « pesante » au retour, presque déçue de la sortie ».

Souvent l'on ressent un quelque chose — positif ou négatif — qui ne s'explique pas mais qui a une puissante influence sur notre équilibre.

Dans un groupe, toutes les personnes n'ont pas le même degré de perception et de réceptivité.

C'est cette différence qui explique que certains êtres sont plus sensibles à ces phénomènes que d'autres.

Cette différence peut s'illustrer par l'image suivante : deux personnes se promènent dans la nature, l'une d'elles est myope et ne distingue que les grands arbres, l'autre est pourvue d'une bonne acuité visuelle qui lui permet de distinguer la finesse d'une orchidée sauvage et de s'émerveiller devant ce chef-d'œuvre de la nature. Comment faire partager cette sensation au myope ?

Il faut noter que peut-être ce myope a une perception auditive plus aiguë qui lui permet de savourer les crissements et chuchotements de cette même nature.

Les Vosges spirituelles :

Nos recherches et notre perception de la nature nous ont incité à mettre en évidence les particularités subtiles et les vertus de chaque massif montagneux.

Nous avons donc donné un qualificatif à chaque montagne :

— Les Alpes : toniques.

Elles exercent un effet tonique et magnétique sur les êtres qui y séjournent.

— Les Ardennes : magiques.

Ce massif de grès et de schiste primaires comporte de nombreuses forêts magiques.

— Le Massif armoricain : mystique.

Toute cette région de l'ouest est empreinte d'un souffle mystique (la forêt de Brocéliande par exemple).

— Le Massif central : sédatif.

Les vertus de ce massif sont connues pour leur effet sédatif.

— Les Pyrénées : curatives.

Ces montagnes ont la particularité d'avoir des vertus avant tout curatives.

— Le Jura : mystérieux.

Cette montagne n'a pas encore beaucoup intéressé les chercheurs, pourtant nous y avons découvert des phénomènes mystérieux.

— Les Vosges : spirituelles.

Les Vosges sont des montagnes propices à la méditation et à la guérison. C'est pourquoi nous les avons qualifiées de « spirituelles ». Il est vrai que depuis des millénaires les Vosges sont un lieu de culte, imprégné de spiritualité. Les adeptes de la méditation nous confirment souvent que la communion ou la communication sont beaucoup plus intenses dans les lieux recensés comme étant des lieux bénéfiques.

LES HAUTS LIEUX VIBRATOIRES DU SUNDGAU

LE SUNDGAU, CHARMANT, PAISIBLE, VERDOYANT !

Voilà en trois mots le tableau esquissé par bien des promeneurs de ce « petit pays à part » qu'est le Sundgau.

Mais que se cache-t-il derrière cette engageante approche ?

Parfois, les anciens, lors des soirs de veillée, dans la chaude ambiance d'un « Kacheloffa », encouragés par quelques petits verres de « Wisser », racontent d'étranges légendes et se souviennent d'histoires mystérieuses qui transportent les petits enfants et les « grands enfants » dans les sphères du merveilleux.

Situé au sud de Mulhouse, le Sundgau étend ses collines et ses vallons jusqu'au Jura suisse.

Au Moyen Age, le terme Sundgau désignait l'ensemble des terres que les Habsbourg possédaient en Haute-Alsace et qui dépassaient les frontières de l'actuel Sundgau en direction du Jura suisse et de la région belfortaine.

« Petit pays à part », par sa situation géologique. La cassure du Rhin et la plaine d'Alsace qui séparent la Forêt-Noire des Vosges, les premiers contreforts du Jura, situés perpendiculairement à la base de ce couloir, ont apporté au sous-sol du Sundgau des particularités qui en font un lieu propice à bien des mystères.

Nombreux sont les Sundgauviens qui ignorent que huit millions d'années avant l'apparition de l'Homme, le Rhin passait à Altkirch pour rejoindre la Saône en traversant la trouée de Belfort.

« Petit pays à part », par les récits qui sont contés les soirées d'hiver quand le manteau blanc de la neige recouvre la campagne. On murmure, à voix basse, pour que les enfants n'entendent pas, des histoires qui semblent venir d'un autre monde comme par exemple celle des possédés d'Illfurth.

Elle relate la vie d'enfants possédés par Satan, dit-on. Tantôt ils parlaient plusieurs langues, tantôt ils accomplissaient des exploits physiques hors du commun, mais aussi terrifiaient leur entourage par leurs rugissements et leurs expressions hideuses. On raconte que l'horreur était insoutenable quand les prêtres pratiquaient des exorcismes.

Mais on raconte aussi des histoires miraculeuses, ou des légendes merveilleuses qui font intervenir de gentils nains, comme ceux de Ferrette dont nous reparlerons plus loin.

Ces histoires curieuses ont très souvent un lien direct avec le lieu où elles se produisent, selon le principe de l'attraction des semblables : « le positif attire le positif, comme le négatif attire le négatif ».

De nombreux chercheurs ont déjà mis ces lois en évidence.

Ces exemples illustrent parfaitement ce principe d'attraction des semblables, mais sur un plan plus subtil nous savons aussi « qu'un sourire sincère provoque toujours la sympathie » et « qu'une pensée positive favorisera des résultats positifs ».

Nous avons constaté que la majorité des commerces florissants avaient élu domicile sur des lieux où l'Onde de Vie était positive, c'est-à-dire dépassant + 10 au géodynamètre. C'est sur ces mêmes lieux que l'on rencontre les personnes les plus détendues et les plus souriantes.

Généralement, dans les locaux irradiés d'ondes nocives, le moral, la santé et les affaires sont au minimum et l'Onde de Vie qui est négative n'atteint parfois même pas − 10.

C'est selon ce principe d'attraction des semblables que les histoires fantastiques ou miraculeuses se déroulent sur des lieux « vibrants » où l'Onde de Vie est plus élevée que la moyenne, alors que les histoires sombres sont liées à une Onde de Vie insuffisante.

En général, c'est dans les maisons perturbées par un accident géologique (cours d'eau souterrain, faille géologique...) que se produisent les phénomènes paranormaux, habituellement qualifiés de maison « habitée », « hantée », ou « envoûtée ».

Nous aurons l'occasion de nous étendre sur ce sujet au cours de l'ouvrage.

A notre connaissance, aucun exorciste sérieux n'a jamais rencontré « d'habitant de l'autre monde » dans des maisons où l'Onde de Vie est positive.

Il est nécessaire de préciser, au sujet de ces phénomènes que, trop souvent, certaines personnes sont injustement accusées d'être des adeptes de la magie noire par des « victimes », victimes en réalité de leur habitation perturbée par des problèmes géologiques.

Ces malentendus ont malheureusement souvent apporté le trouble dans bien des familles et des voisinages. Dans le milieu

LE SUNDGAU - Partie Nord

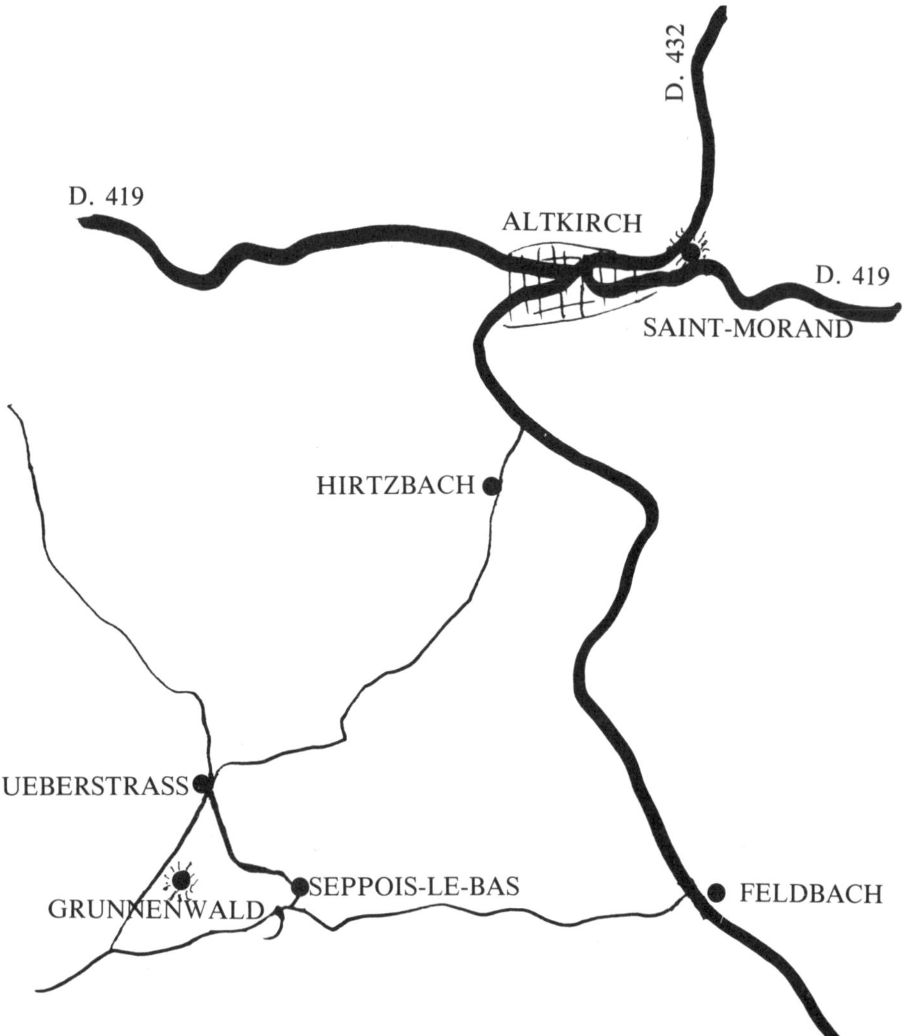

agricole, bien des personnes ont été stupéfaites de constater qu'il suffisait simplement de changer une vache de place pour qu'elle se rétablisse (et que le sort soit conjuré !).

Une Onde de Vie positive entraîne tous les éléments dans son sillage de positivisme : la santé, la « chance », l'évolution, la création et augmente la capacité du travail intellectuel.

C'est sur les lieux « vibrants » que l'on rencontre le plus souvent les « dames blanches », les fées et les... miracles.

Ces quelques mises au point effectuées, il sera plus aisé au lecteur de bien comprendre les subtilités cosmo-telluriques que nous allons lui exposer au fil de ce livre.

SAINT-MORAND A ALTKIRCH

En 1104, Frédéric-Ier, comte de Ferrette, fonda un prieuré clunisien dans la capitale du Sundgau, à Altkirch.

Au premier abord, nous serions tentés de penser que ce prieuré eût mérité d'être édifié dans le haut de la ville, par exemple, à l'emplacement de l'actuelle église paroissiale.

Pourtant, il a été construit dans le bas de la ville, à la sortie, vers Bâle, près de l'Ill.

Si la situation géographique n'est pas spécialement recherchée, la situation « vibratoire » est particulièrement positive. L'Onde de Vie de ce lieu indique + 20 au géodynamètre.

Ce prieuré clunisien n'a pas été bâti à cet endroit par hasard. Les bâtisseurs de l'époque étaient des initiés qui avaient particulièrement étudié les résonances du sol sur la vie et l'évolution spirituelle. Cette connaissance des secrets cosmiques et telluriques et de l'architecture sacrée se transmettait de génération en génération.

Malheureusement, elle n'a pas été transmise aux architectes d'aujourd'hui.

Saint-Morand-Altkirch

Ce n'est pas par hasard non plus que le saint patron de la région, Saint-Morand, choisit d'élire domicile en ces lieux et qu'un pèlerinage célèbre se perpétua au fil des siècles.

Le prieuré fut dévasté en 1444 par les Armagnacs, puis par les Suédois en 1632. En 1623, il fut légué aux Jésuites de Fribourg pour être supprimé en 1791.

L'actuelle église Saint-Morand fut érigée en 1885.

Cette église néo-romane fut récemment restaurée et il subsiste autour un ancien cimetière avec des pierres tombales du XVIe siècle. On peut admirer dans l'église un tympan de style roman du XIIe siècle et le sarcophage de Saint-Morand (XIIe siècle).

Il y a quelques années encore, lors de la fête de l'Ascension, se déroulait une grandiose procession dans les rues d'Altkirch. Elle partait de l'église Notre-Dame, située sur un mamelon dominant l'Ill, pour s'achever à l'église de Saint-Morand.

L'église paroissiale, de style roman Louis-Philippe, fut construite, au début du XIIIe siècle, sur l'emplacement du château des comtes de Ferrette. Cette forteresse fut démolie en 1845 pour céder la place à l'actuelle église Notre-Dame qui abrite un tableau de la réception de Saint-Morand par le comte de Ferrette.

Ce haut lieu vibratoire de Saint-Morand mériterait qu'y soit à nouveau instaurée la tradition de la procession de l'Ascension dont le parcours était jonché d'innombrables pétales de fleurs de toutes les variétés. Sur le trajet, en plein air, plusieurs autels étaient dressés, eux aussi recouverts de milliers de pétales qui formaient sous le soleil éclatant de mai de merveilleux tableaux vivants qui restent profondément gravés dans la mémoire et le cœur des Altkirchois.

La cérémonie finale était célébrée au bord de l'Ill, dans la nature, sous les marronniers, à l'emplacement de l'actuelle chapelle de Saint-Morand, dont le sol disparaissait sous un manteau de fleurs duquel émanait un subtil et céleste arôme.

L'hôpital Saint-Morand bénéficie de cette Onde de Vie particulièrement positive.

Les recherches, effectuées en Allemagne sur la géobiologie, confirment nos constatations selon lesquelles les malades, les opérés, les convalescents, se rétablissent nettement plus rapidement sur des lieux sains.

Généralement les plaies ont des difficultés à se cicatriser sur une zone géopathogène, c'est-à-dire perturbée par un accident géologique.

NOTRE-DAME DU GRUNENWALD A UEBERSTRASS

A quelques lieues, au sud-ouest d'Altkirch, se dresse dans la forêt d'Ueberstrass, près de la frontière suisse, une petite chapelle bâtie sur un lieu très « vibrant » et dont la construction est liée à une bien étrange légende et dont l'histoire connut bien des péripéties.

Dans la première moitié du XVe siècle, des enfants qui gardaient leurs troupeaux, découvrirent à l'endroit où se dresse la petite chapelle, une statuette de la Sainte-Vierge.

D'où venait-elle ?

Se trouvait-elle en ces lieux pour attirer l'attention des humains et leur indiquer un lieu bénéfique où ils pourraient se recharger en énergies et communiquer plus facilement avec le monde spirituel ?

Il est troublant de constater que cet endroit est la seule zone où l'équilibre des ondes cosmo-telluriques n'est pas rompu, alors qu'à 5 km à la ronde, les lieux sont perturbés par des cours d'eau souterrains.

Le Grunnenwald

Le charmant village d'Ueberstrass, qui est compris dans ce rayon, est sûrement un des villages du Sundgau le plus perturbé par l'eau souterraine, comme l'ont démontré nos expertises, d'ailleurs confirmées par les « dires » des anciens du village. Nombreux sont les habitants de ce village souffrant de problèmes de santé, dus en grande partie aux accidents géologiques qui amplifient tous les points faibles de l'organisme.

La petite chapelle primitive, construite par les habitants de la région pour abriter la statue de la Vierge, fut agrandie une première fois en 1595 par le comte de Friesen, chevalier de Malte.

C'est lors d'un rude combat naval contre les Turcs, où il avait failli succomber avec ses compagnons, qu'il en avait fait le vœu.

Le comte avait également fait joindre en ex-voto un immense tableau représentant la bataille.

En 1705, comme en témoigne encore une vieille pierre de la façade, la chapelle fut considérablement agrandie et embellie.

Lors des troubles de la Révolution française la chapelle fut complètement saccagée.

La statue de la Vierge, heureusement, avait été enlevée de nuit et portée en Suisse, à Busserach, où elle devait rester jusqu'en 1801, lorsque par le Concordat la paix religieuse fut rétablie en France. La statue miraculeuse fut ramenée à Friesen en septembre 1903 et retrouva sa place dans la chapelle restaurée et rendue au culte.

En janvier 1915, lors de la Première Guerre mondiale, la chapelle se trouvant dans la zone de combat, la statue fut retirée et mise en sécurité au couvent de Bellemagny. La chapelle fut totalement détruite. Dès l'armistice, la paroisse de Friesen, très attachée à la Vierge miraculeuse, la ramena dans l'église paroissiale et ce n'est que le lundi de Pâques 1932 que la chapelle reconstruite fut consacrée et qu'on y ramena solennellement la statue de la Vierge. Depuis, de nombreux pèlerins, surtout au mois de mai, sont attirés par les faveurs de la Vierge.

Les journées de pèlerinage et de vénération de la Vierge, les plus fréquentées, sont les lundis de Pâques et de la Pentecôte et l'après-midi de l'Ascension (Hagelfirtig).

L'« informatisation » de la société actuelle, contraint les cellules vivantes et les glandes de l'organisme à suivre ce rythme anti-naturel (et inhumain) et souvent il arrive aux êtres de se sentir « accablés » et sur le point de « craquer ».

— Si vous avez besoin de savoir où vous en êtes ;

— si vous ressentez la nécessité de faire le point (ou la paix) avec vous-même ;

— si vous avez l'impression d'être poussé dans vos derniers retranchements par les agressions de la vie, choisissez un après-midi ensoleillé pour aller vous régénérer, physiquement et psychiquement, au Grunenwald. En été, en plus du magnétisme terrestre du lieu qui s'élève à + 19 au géodynamètre, vous pourrez vous détendre parmi le parfum relaxant des nombreux tilleuls qui entourent la chapelle.

L'action sédative du tilleul agira en vous par le principe de l'aromathérapie.

Au soleil couchant, ce sera un autre être, plus positif et plus serein qui quittera les lieux, avec de nouvelles réserves pour affronter d'autres horizons.

LE SUNDGAU - Partie Sud

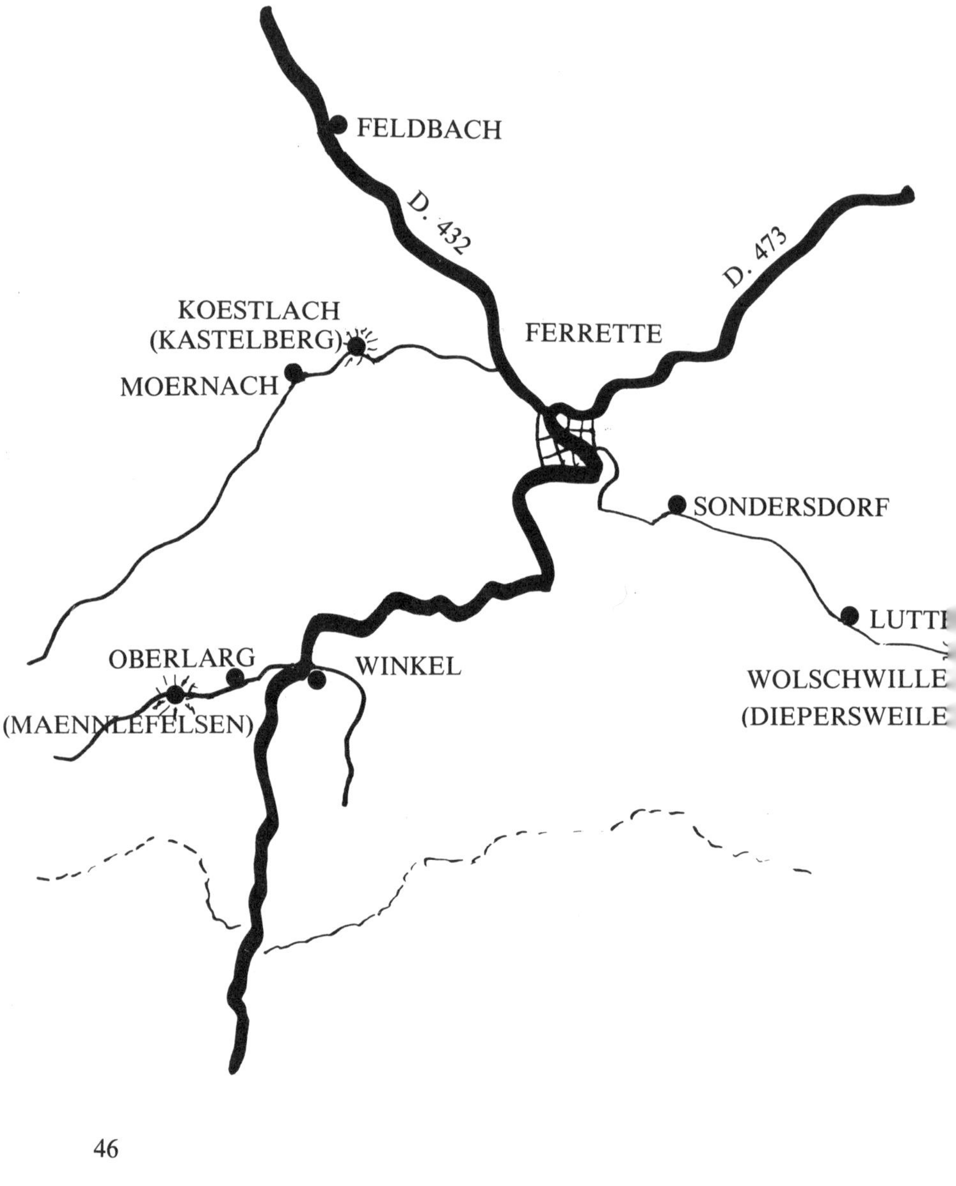

LES SITES FORTIFIÉS DU KASTELBERG A KOESTLACH

Il existe en Alsace des lieux de pèlerinage, d'anciennes abbayes, de nombreuses chapelles, des ruines de châteaux-forts, des sources aux vertus légendaires, des vestiges romains et celtiques...

Nous citons dans cet ouvrage uniquement les hauts lieux vibratoires que nous avons sélectionnés par notre méthode para-scientifique.

Pour cela, en plus de nos recherches (et découvertes) personnelles, nous avons visité et mesuré pratiquement tous les lieux, mentionnés dans de multiples documents ou rapportés par les anciens, susceptibles d'être « magiques » ou « sacrés ».

A ce titre, lors de la visite du Kastelberg, près de Koestlach, nous fûmes surpris de mesurer à certains endroits, une Onde de Vie exceptionnelle de + 34, alors que les vestiges celtiques de la forêt d'Illfurth, les vestiges du Britzgyberg, n'accusent qu'une intensité de + 12.

Les vestiges du Britzgyberg méritent une visite, mais ne sont pas à considérer comme un haut lieu vibratoire.

Par contre, le Kastelberg est le lieu le plus vibrant du Sundgau. Il mériterait que chaque Sundgauvien lui consacre quelques heures et que des « classes vertes » d'écoliers viennent admirer les vestiges d'un autre temps.

Cette belle forêt abrite des trésors inestimables.

On accède au Kastelberg par un chemin qui part au nord du village et qui monte dans la forêt.

Au sommet du mont on découvre une grande plate-forme sur laquelle subsistent les vestiges d'anciennes fortifications.

Le Kastelberg de Kœstlach

On peut apercevoir à plusieurs endroits les fouilles qui ont été récemment entreprises et qui laissent apparaître des trous béants : les entrées des galeries.

Il est prudent de ne pas trop s'aventurer dans les fouilles.

Selon nos recherches sur le terrain, il semblerait que le sous-sol à cet endroit recèle d'importantes richesses (culturelles et autres).

Compte tenu de l'Onde de Vie très puissante au niveau de l'enceinte fortifiée, entre + 29 et + 34, deux hypothèses s'imposent :

— les occupants de ces sites ont choisi avec soin ce lieu pour des raisons stratégiques, mais surtout et avant tout pour des motifs cosmo-telluriques ;

— des minéraux spéciaux ou d'autres éléments ont été enfouis dans l'enceinte pour augmenter la puissance de l'Onde de Vie et, par ce fait, décupler leurs forces vitales, leur capacité de résistance et leur ardeur guerrière.

Selon le musée préhistorique de Mulhouse, les fouilles ont permis de déterminer que l'âge des métaux n'aurait commencé dans le Sundgau qu'entre – 2000 et – 1800 avant J.-C. et que ces sites fortifiés du Kastelberg dateraient du premier âge du fer (– 725 à – 450).

Une visite en famille sur ces lieux permet un retour en arrière et donne le prétexte d'une approche de l'histoire d'une façon très décontractée, mais aussi l'occasion de se repositionner dans notre monde de « techniques de pointe ».

LE SITE PRÉHISTORIQUE DU MAENNLEFELSEN

Au nord-ouest du Kastelberg, près de la frontière suisse, au-dessus du village d'Oberlarg, a été découvert un des sites préhistoriques les plus importants de l'est de la France.

En passant à gauche de l'église, on emprunte un chemin de terre traversé par un ruisseau, qu'il est possible de franchir à gué, pour atteindre un abri sous roche, clôturé, où des fouilles sont en cours.

Toute personne réceptive, en état de disponibilité, peut ressentir, en approchant les lieux, la vie d'êtres qui ont évolué à 10.000 ans d'intervalle.

Cette sensation peut être comparée à celle que l'on éprouve parfois dans certaines églises.

Une église, dans laquelle des milliers d'êtres sont venus apporter leur foi et leur prière, sera plus vibrante qu'une église neuve qui a été consacrée récemment. Une ambiance ou un climat presque palpables se dégagent de ces lieux.

Le Maennlefelsen indique une Onde Vie de + 28, ce qui correspond à une mesure nettement au-dessus de la moyenne. La forêt avoisinante mesure + 18.

Si les êtres d'un autre âge ont élu domicile sur des zones en fonction de l'énergie cosmo-tellurique, il s'avérerait sûrement positif d'entreprendre des fouilles sur les lieux où l'Onde de Vie est très élevée.

Les fouilles confirmeraient que ces êtres avaient une connaissance extrêmement précise et profonde des secrets de la nature et des particularités cosmo-telluriques. Malheureusement, elles confirmeraient aussi que les hommes de notre civilisation ont bel et bien perdu ces secrets puisqu'ils construisent n'importe où et sont uniquement préoccupés et motivés par la rentabilité.

Néanmoins, certains architectes et techniciens du bâtiment ont pris conscience de l'importance des influences du sous-sol, des matériaux et des formes. Ces courageux pionniers s'orientent vers l'habitat sain, l'habitat vert, les habitations biologiques, les maisons biotiques... souvent sous l'œil amusé (ou les sarcasmes) de leurs confrères.

Le Maennlefelsen d'Oberlarg

LE VILLAGE DISPARU DE DIEPERSWEILER

Si la plupart de nos contemporains ont perdu ce savoir des énergies et influences cosmo-telluriques, il semblerait que les bâtisseurs de Diepersweiler avaient choisi d'édifier leur village dans une zone spécialement bénéfique.

En effet, ce village disparu au XVIe siècle, devait être très vibrant puisqu'il dépasse + 20 au géodynamètre, ce qui est nettement plus que l'Onde de Vie de Wolschwiller situé à environ 1 km de là.

De Diepersweiler il ne subsiste plus qu'une chapelle dédiée à saint Jean. Elle date du XIIe siècle et fut détruite pendant la Révolution. L'édifice actuel fut reconstruit en 1820.

Pour rejoindre la chapelle il faut prendre, à la sortie de Wolschwiller, la route de Biederthal jusqu'au premier virage à gauche, puis la quitter à cet endroit pour emprunter le chemin de terre qui monte vers la droite.

Les vestiges d'un chemin de croix bordent ce sentier caillouteux qui mène à la chapelle qui est un ancien pèlerinage.

Pourquoi ce pèlerinage a-t-il été délaissé ?

LES CHÂTEAUX MÉDIÉVAUX DE FLORIMONT ET DE ROSEMONT

Il reste trace en Alsace de nombreux châteaux des siècles médiévaux. La plupart d'entre eux sont situés dans les collines vosgiennes, mais le Sundgau a aussi son petit patrimoine médiéval.

— **Les châteaux de Ferrette** dont le château inférieur remonte au XIVe siècle et fut démoli lors de la Révolution en 1789. Le château supérieur détruit en 1633 date de la fin du XIIe ou XIIIe siècle. Ce nid d'aigle était le centre admi-

Le village disparu de Diepersweiler

nistratif des comtes de Ferrette qui possédaient un vaste domaine comprenant le Sundgau et le Territoire de Belfort.

Cette résidence d'une dynastie de comtes puissants revint aux Habsbourg au XIVe siècle et en 1648 à la France.

— **Le château du Landskron** à Leymen fut construit au XIIIe siècle par les comtes de Ferrette sur le rocher du Blauen. La « Couronne du pays » fut transformée par Vauban en une puissante forteresse. C'est en 1813 que l'enceinte extérieure bastionnée fut entièrement rasée durant la prise de Huningue.

— **Le château de Blochmont,** édifié au XIIe siècle par les comtes de Ferrette fut dévasté en 1449.

— **Le château du Waldeck** fut élevé au XIIe siècle pour l'Evêché de Bâle. Il s'écroula lors du tremblement de terre de 1356.

— **Le château de Morimont** (Moersberg). Les comtes de Ferrette édifièrent ce château au XIIIe siècle. Il fut détruit lors de la Guerre de Trente-Ans en 1637 par les troupes françaises.

— **Le château de Liebenstein**, construit au début du XIIIe siècle par une famille vassale des comtes de Ferrette, fut détruit par le tremblement de terre en 1356.

Tous ces châteaux ont été construits en tenant compte uniquement de leur situation stratégique, puisque aucun de ces vestiges médiévaux ne possède une Onde de Vie qui mérite d'être rapportée.

Néanmoins, il existe en Alsace quelques châteaux médiévaux qui possèdent de bonnes vibrations. Celui qui est pourvu de la meilleure résonance est une ancienne résidence royale et impériale qui passa par la suite aux évêques de Strasbourg qui le transformèrent en château de plaisance.

Est-ce par hasard ? Nous aborderons le sujet ultérieurement.

Dans le sud de l'Alsace, pour trouver un château avec une Onde de Vie « intéressante », il faut franchir la frontière du Sundgau et passer dans le Territoire de Belfort. A l'est de Delle, s'élèvent les ruines d'un château qui a été édifié par les comtes de Ferrette, au XIIIe siècle.

— **Le château de Florimont.** Ces lieux mesurent entre + 16 et + 22 au géodynamètre, alors que l'Onde de Vie du village en contrebas est nettement inférieure. Ce château, au nom chantant, s'élève au-dessus d'un village du même nom et domine les environs.

Il est évident que le choix de l'emplacement est lié à des motivations stratégiques et le fait que le château ait été bâti sur un lieu bénéfique relève sûrement du plus pur hasard.

Pourtant, il semblerait que les origines du lieu soient assez lointaines et remonteraient à l'époque des Romains. Un castel était érigé au sommet de la colline que les anciens Alémaniques appelaient Blumenberg.

Très curieusement, une sombre légende de sorcellerie est liée à ce château, ou plus exactement à ses occupants.

L'Onde de Vie du château de Florimont est trop élevée pour que se produise ce genre de phénomène dans son enceinte même. En effet, c'est un moulin du village qui est le théâtre de ces ténébreuses activités.

Il y a fort longtemps, le Comte de Florimont eut l'intention de faire construire un moulin sur la petite rivière, la Covatte, à l'endroit où elle tombe en cascade afin de pouvoir moudre le grain du domaine. A sa grande surprise, la comtesse désapprouva son projet et essaya de le dissuader de construire un moulin à cet emplacement. Le sire ne tint pas compte des arguments de son épouse et bientôt un imposant moulin se dressa près de la chute.

Quelle ne fut pas la douloureuse déconvenue du comte quand le meunier qui avait pris ses fonctions la veille fut

Le château de Florimont

retrouvé sans vie le lendemain, gisant parmi les sacs de farine. A la stupeur du seigneur cette mort incompréhensible fut suivie par celles de plusieurs meuniers qui se succédèrent dans le moulin ensorcelé.

Un savant stratagème permit au comte de piéger le coupable qui s'avéra être... la comtesse.

Les nuits de pleine lune et de nouvelle lune elle prenait part au sabbat près de la cascade, c'est pourquoi elle s'était opposée à la construction du moulin en ce lieu. Elle fut condamnée et brûlée.

Cette légende nous engage à aborder le sujet de la sorcellerie. Nous ne ferons qu'effleurer ce sujet en posant la question suivante :

— si la comtesse de Florimont méritait indiscutablement cette fin tragique, combien d'êtres innocents furent ainsi brûlés, uniquement parce qu'ils avaient peut-être un peu plus de « fluide » que leur entourage ou une prédisposition au surnaturel plus développée que le commun des mortels ?

A l'ouest de Masevaux, toujours dans le Territoire de Belfort, se dressent sur un éperon rocheux les ruines d'un mystérieux château.

— **Le château du Rosemont.** Il fut érigé au XII-XIIIe siècle par les comtes de Ferrette et aurait été détruit par les Suédois au XVIIe siècle lors de la guerre de Trente Ans. Ce fut le centre d'une seigneurie riche en exploitations minières.

Ce sous-sol particulier conférait sûrement à ce lieu une Onde de Vie privilégiée puisqu'elle s'élève sur les ruines du château à + 29 au géodynamètre.

Le visiteur des lieux est en général agréablement surpris de constater que malgré les efforts qu'il a dû fournir pour accéder au château, il retrouve très rapidement ses énergies.

Dans ce décor champêtre, au milieu des ruines du château envahi par la végétation, le promeneur pourra se recharger en magnétisme vital, en songeant à l'histoire de la forteresse au temps de sa splendeur et aux nombreuses dames blanches qui, selon la légende, hantèrent les lieux.

Nous avons fait un tour d'horizon des vestiges des châteaux médiévaux sundgauviens parce que leur histoire illustre très bien les tourments du Sundgau à travers les siècles.

Le tremblement de terre de 1356 occasionna de nombreuses ruines dans cette région sujette aux perturbations sismiques.

Les colombages des coquettes maisons sundgauviennes ont, très certainement, pour but d'éveiller notre sympathie, mais leur rôle de base est sûrement de parer l'habitation contre les secousses sismiques en lui conférant, par ses croisements et entrecroisements, une incomparable solidité et souplesse.

Les divers occupants du Sundgau ont détruit et saccagé nombreux châteaux et constructions. En 1632 les Suédois ont franchi le Rhin pour entrer en Alsace qu'ils pillèrent et ravagèrent. Le Sundgau perdit plusieurs milliers d'habitants.

LA LÉGENDE DES GENTILS NAINS ET LE MONDE ASTRAL

Pour illustrer le monde des énergies, des ondes, des radiations, des vibrations, des fluides, qui est étroitement lié avec ce que certains appellent « l'autre monde », ou « l'astral », nous rapportons une légende qui met en scène des êtres de l'astral.

L'astral est constitué de 3 parties :

— le bas-astral ;

— l'astral médium ;

— l'astral supérieur.

Nos travaux et recherches nous permettent d'avancer, que non seulement ces êtres existent et sont présents parmi nous, mais qu'il est possible d'entrer en relation avec eux et même... de les « apprivoiser ».

Cette légende s'adresse tout spécialement aux enfants un peu trop curieux, mais aussi aux adultes qui ne savent pas côtoyer le merveilleux de la vie et qui veulent voir et toucher pour croire.

Jadis, dans le sud du Sundgau, entre Ferrette et Oberlarg, se passaient des choses bien étranges. Le matin, quand les paysans arrivaient au pré pour faucher l'herbe, celle-ci était déjà coupée et il leur suffisait de la charger sur leur charrette.

En été, les paysans avaient pris l'habitude de mettre des sacs près des blés mûrs, au lever du soleil et revenaient au coucher du soleil charger les sacs remplis de blé.

Qui avait moissonné le champ ?

De même, quand les ménagères revenaient le lundi du lavoir, le déjeuner était prêt et elles pouvaient le servir fumant dans les assiettes préparées. Les anciens disaient que les tâches étaient effectuées par les gentils nains de la forêt qui étaient voués aux bonnes œuvres parce qu'ils étaient des petits anges déchus qui attendaient le jugement dernier pour être sauvés.

Des années durant les villageois connurent le bonheur et la prospérité, grâce aux gentils nains de la forêt.

Mais depuis quelque temps des questions intriguaient un groupe de jeunes filles :

— Pourquoi ces gentils petits êtres ne se laissaient-ils voir que de loin ?

— Pourquoi, même en été, les nains étaient-ils chaussés de gros brodequins ?

— Pourquoi, les naines portaient-elles toujours de longues robes ?

— Pourquoi, pourquoi ?...

Un soir de mai, quelques jeunes filles de Ferrette qui avaient dit à leurs parents qu'elles allaient au rosaire, discutèrent derrière l'église d'un projet qui les rendait très nerveuses.

Elles avaient entendu un paysan affirmer que les nains et les naines faisaient leur toilette au lever du jour, au bord d'une source, en bas du village.

Elles échafaudèrent un plan pour percer le mystère des nains. Le lendemain, avant l'aube, elles se rendirent au lieu-dit, parsemèrent de sable fin la roche où les nains et naines s'ébattaient après leur toilette et se cachèrent derrière un buisson.

Bientôt le cortège des nains et des naines apparut, tous et toutes firent leur toilette en riant et jouant avec bonheur. Ils pensaient être à l'abri des regards indiscrets.

Leurs ébats terminés, les gentils nains et les gentilles naines de la forêt s'en allèrent, bras dessus, bras dessous en chantant, se reposer des travaux de la nuit.

Aussitôt qu'ils eurent disparu au coin du chemin, ne pouvant plus tenir, les vilaines chipies se précipitèrent près de la source où elles s'arrêtèrent stupéfaites.

Sur le sable les nains et les naines avaient laissé les empreintes de leurs pieds nus, des pieds de chèvres pour les naines, des pattes d'oies pour les nains. Les éclats de rire et les propos moqueurs des irrespectueuses jeunes filles, firent rebrousser chemin aux nains et aux naines qui comprirent que leur véritable secret était découvert.

Tristement, la tête basse, ils se mirent à pleurer à chaudes larmes devant tant de bêtise et de méchanceté humaine et disparurent à jamais dans les profondeurs de la forêt. Personne ne les revit jamais et tous les regrettèrent profondément.

Notre activité professionnelle nous confronte à de nombreuses situations aussi étranges que fantastiques et nos expériences vécues nous portent à affirmer que ces petits êtres ont réellement existé et qu'ils existent encore aujourd'hui, puisqu'il nous arrive de les « côtoyer ».

S'il n'est pas possible de les voir, il est possible de les percevoir et il est même possible de leur parler et de leur demander des services en échange de notre compréhension.

Ceux d'entre vous qui sauront « aiguiser » leur perception de la nature et remplacer voir et sentir par percevoir et ressentir, auront aussi un jour le privilège de faire connaissance avec des phénomènes fantastiques et peut-être de rencontrer les petits nains du Sundgau.

Nous vous invitons, au fil des anecdotes de cet ouvrage, à faire un peu plus ample connaissance avec la présence des invisibles, les nains, les lutins, les elfes...

L'ABBAYE D'OELENBERG

A une dizaine de kilomètres, à l'ouest de Mulhouse, se dresse majestueusement, sur un des derniers replis du Jura, l'abbaye d' Oelenberg, seule survivante des nombreux monastères d'hommes que comptait jadis le pays.

Cette colline sacrée de l'Oelenberg, située entre la porte de Bourgogne et le Rhin, présente de très intéressantes particularités sur le plan vibratoire.

Il semblerait que son origine remonte bien au-delà de la fondation du premier monastère en 1046 par Heilwige, comtesse d'Eguisheim et héritière de Dabo.

Heilwige fonda probablement ce monastère de chanoines réguliers pour le repos de l'âme de son fils, Gérard, mort tragiquement au cours d'une querelle avec le comte de Ribeaupierre.

Le pape Léon IX, le second fils d'Heilwige, consacra la chapelle du nouveau prieuré et prit la jeune fondation sous la protection immédiate du Saint-Siège.

L'abbaye fut sujette à de nombreux tourments et connut plusieurs fois la destruction partielle, voire presque totale. Mais les religieux se mirent chaque fois vaillamment au travail et des ruines amoncelées surgit chaque fois un nouveau monastère.

En 1793, l'Oelenberg est déclaré : « bien national » et mis aux enchères.

Les biens passèrent de main en main et échurent finalement en 1821 à l'abbé Spannagel qui établit à Oelenberg un pensionnat pour jeunes filles.

Mais le destin de l'abbaye fut d'être revendue à des moines de « La Trappe » et c'est le 29 septembre 1825 que fut solennellement inaugurée la vie des Trappistes à Oelenberg dont l'effectif s'élevait à une quarantaine de religieux. Ils furent deux cents en 1912.

Aujourd'hui, ce monastère a la particularité d'être le seul monastère d'hommes entre Paris et le Rhin, alors qu'entre le XIIe et le XIVe siècle une soixantaine de monastères fleurissaient dans ce même secteur avec des effectifs de 200 à 600 religieux dans certaines abbayes.

Les Trappistes sont plus connus sous le terme de moines cisterciens.

Les moines d'Oelenberg consacrent leur vie à Dieu mais sont aussi : cultivateurs, meuniers, jardiniers, éleveurs et même paysagistes, comme nous le verrons ultérieurement.

L'Oelenberg possède son propre moulin.

Cette maison de prière qui abrite une vingtaine de religieux, est réputée pour ses produits naturels. En effet, depuis 18 ans, le couvent pratique la culture biologique pour ses propres besoins.

L'abbaye d'Oelenberg

LE COUVENT DE L'OELENBERG

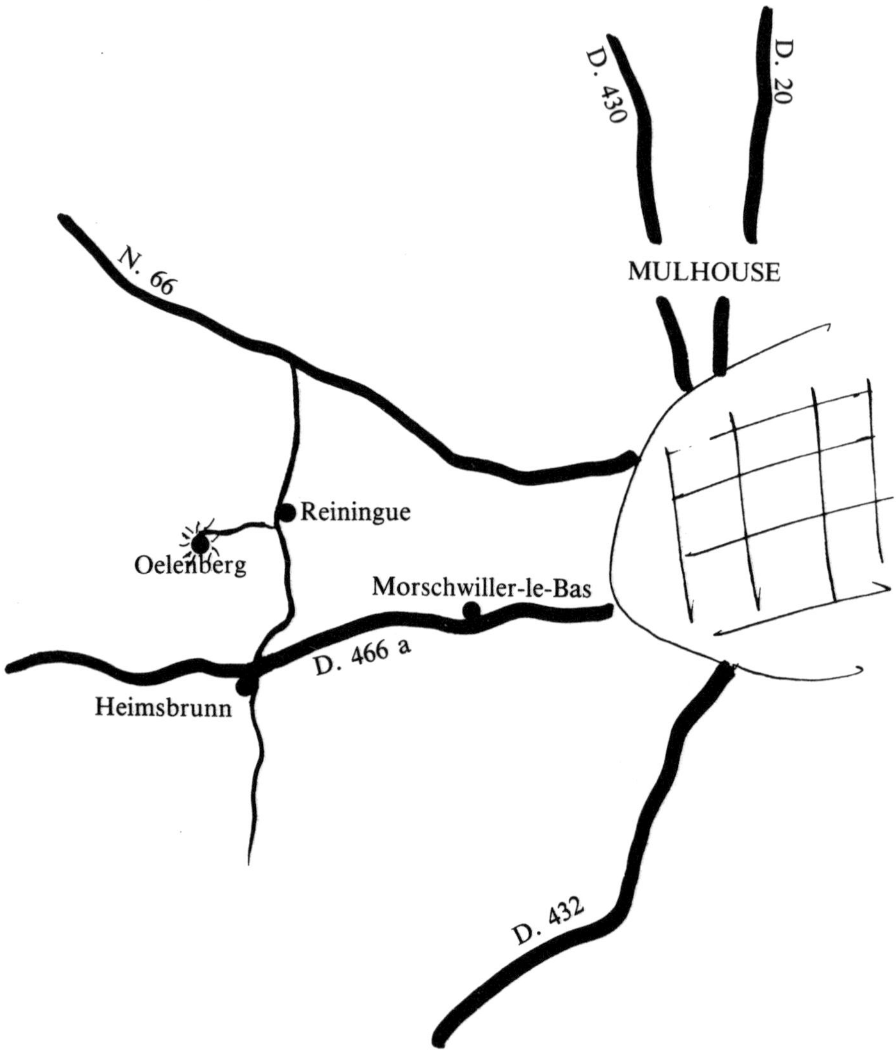

La surface d'exploitation de l'abbaye est de 150 hectares répartis en :

— 80 hectares de culture ;

— 40 hectares de pré ;

— 30 hectares de bois.

Est-ce la surprenante Onde de Vie, dont bénéficie cette abbaye et l'aide divine, qui donnent la possibilité à cette poignée de religieux d'assumer ce dur labeur ?

L'Onde de Vie est « surprenante » parce que sur le plan géologique, une faille sismique traverse la région ouest de Mulhouse et engendre régulièrement des secousses dont les répercussions sont parfois ressenties dans les environs de la ZUP de Mulhouse et de Morschwiller. Ces tremblements ont provoqué des fractures de terrain dans le sous-sol qui engendrent des perturbations vibratoires créant un déséquilibre cosmo-tellurique (ondes nocives). C'est dans cette région que nous avons rencontré, lors de nos détections et expertises, de ces habitations particulièrement perturbées.

Pourtant, l'Onde de Vie du monastère atteint + 24 au géodynamètre et même + 26 dans la chapelle. Cet îlot régénérateur, au milieu de cette zone mouvementée et perturbée, est un véritable miracle de la nature.

Sur un flanc de la colline, le frère paysagiste a composé un tableau vivant de pelouses, traversées par des allées, aux dessins géométriques, invitant à la promenade et à la méditation.

Au pied de la petite colline, la Doller, une rivière venant des Vosges, apporte une touche de fraîcheur à ce paisible décor.

N'est-il pas merveilleux d'avoir ces trésors à quelques minutes seulement du vacarme infernal de la cité de Mulhouse ?

De temps en temps, quelques minutes de silence dans la chapelle du couvent, ou une promenade dans le parc, permettront de retrouver un second souffle.

L'abbaye accepte les personnes désireuses d'effectuer un séjour de recueillement et de médidation. Elles pourront, lors de leur « retraite », se revitaliser par une alimentation saine et bénéficier de la puissante Onde de Vie qui irradie ce lieu de régénération physique et spirituelle.

Est-ce hasard si l'origine du nom Oelenberg est celtique ?

— Oelen : ruisseau ;

— Berg : petite colline.

La vie : principe d'équilibre

La vie est basée sur un principe d'équilibre entre les forces positives et les forces négatives. Pour que cet équilibre puisse s'assumer, chaque être devrait prendre conscience qu'il est constitué de Matière et de Subtil.

Pour vivre, un corps ne doit pas seulement être nourri de « Matière », mais aussi de « Subtil ». Chaque être devrait contribuer à cet équilibre des forces en incluant dans sa vie une culture spirituelle — le Subtil.

Puisque la majorité des êtres ne consacrent pas un minimum de temps pour faire pencher le plateau de la balance du côté positif, il est nécessaire qu'une minorité d'êtres fassent contre-poids et compensent l'excédent de négatif, (excès de toutes sortes, manque d'amour, embourbement dans la matière...) par un maximum d'efforts (actes d'amour, prières, vie rigoureuse, une dévotion totale et même... la souffrance comme nous l'étudierons dans le chapitre suivant).

Ces êtres se regroupent souvent en communauté, dans des maisons de prière, comme l'Oelenberg, ou vivent à l'écart de la société comme certains ermites.

De nos jours, il s'avère que, de moins en moins d'êtres consacrent leur vie à contribuer à l'équilibre des forces, et abbayes, monastères et couvents se dépeuplent au fil des années.

Serait-ce l'explication de ces tourments intérieurs qui assaillent de plus en plus nos concitoyens ?

Méditons à ce sujet les paroles de Saint Bernard (1153) :

« Nous pleurons, nous jeûnons et nous nous mortifions pour Lui, payant ainsi des dettes que nous n'avons pas contractées. Si le prochain n'est pas en droit d'exiger de nous ces pénitences volontaires, Dieu, Lui, les exige, et s'il se trouve des hommes qui semblent rendre au prochain plus qu'ils ne lui doivent, jamais ils ne rendent à Dieu ce dont ils Lui sont redevables ».

L'ERMITAGE DU VÉNÉRABLE FRÈRE JOSEPH

Une impulsion céleste a vraisemblablement conduit le vénérable frère Joseph dans la forêt du Bonhomme, au-dessus de Ventron, à plus de 1.000 mètres d'altitude, pour établir son ermitage.

Si cet humble ermite n'a pas choisi volontairement l'emplacement de son havre de prière, sans nul doute a-t-il été guidé par une main divine en ces lieux extrêmement bénéfiques, selon la loi d'attraction des semblables qui a été étudiée au début de cet ouvrage.

L'Onde de Vie des alentours de la chapelle gravite autour de + 26 au géodynamètre, alors qu'elle atteint + 32 dans l'ermitage.

La prière et la dévotion de l'ermite ont tellement imprégné le lieu que les vibrations de base ont été modifiées au point d'élever l'Onde de Vie. Ce curieux phénomène se retrouve dans certains lieux de culte ou de pèlerinage et les personnes sensibles ressentent parfaitement cette « atmosphère ».

La vie édifiante de ce vénérable ermite mérite d'être rapportée et méditée.

Qui était cet être qui accomplissait des miracles, dormait dans un cercueil et s'infligeait la souffrance pour « racheter » les fautes de son prochain ?

Pierre-Joseph Formet était né le 07 février 1724 au hameau de Lomontot en Haute-Saône. Issu de parents fort modestes, son père était sabotier, Pierre-Joseph eut une enfance très difficile.

La piété de sa mère l'influença probablement profondément et raffermit en lui cette vocation naissante qui était très certainement une prédisposition bien ancrée au fond de son âme.

La mère de Pierre-Joseph décéda quand il avait 14 ans. Devant les injustices de la nouvelle épouse de son père, il décida de quitter la maison familiale à 15 ans pour s'embaucher comme domestique chez un cultivateur.

Des témoins ont relaté qu'il apportait la totalité de son salaire à son père. Ces mêmes personnes ont affirmé que Pierre-Joseph passait de longs moments en prières, sans que sa tâche s'en ressentisse et qu'il se levait au milieu de la nuit pour prier.

En 1741, la guerre de succession d'Autriche emmena Pierre-Joseph dans les pays de l'est. Il revint de l'armée en 1746 pour s'embaucher dans une fabrique de salpêtre à Saint-Germain-en-Lure.

C'est pendant cette période que son père mourut et que le fossoyeur mit à découvert le crâne de sa mère. Celui-ci est conservé au-dessus de la porte, à l'entrée de la chapelle de l'ermitage.

L'ermitage du Frère Joseph

L'ERMITAGE DU FRÈRE-JOSEPH

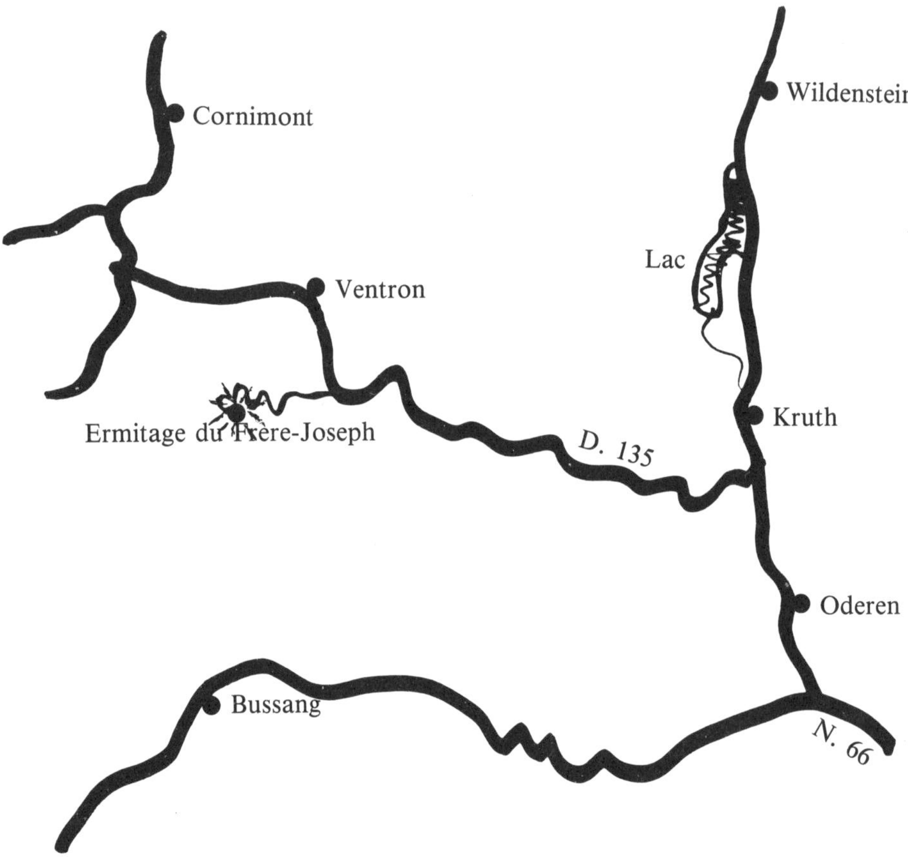

Sur ces faits, il abandonna définitivement sa famille pour se consacrer totalement à Dieu.

Il devint pour son entourage frère Joseph.

En 1749, il fut découvert dans la forêt de Bussang par un jeune forestier avec lequel il lia connaissance. Les personnes qui le connaissaient à l'époque ont rapporté que l'ermite vivait dans la forêt, même l'hiver, malgré la neige et le froid, sans feu, en s'abritant dans un tronc d'arbre creux.

Il se nourrissait presque exclusivement de sa confiance en Dieu et de la sainte communion qu'il allait recevoir dans la vallée à l'église de Ventron. Le frère Joseph refusait toujours les provisions qui lui étaient offertes par ses amis en s'en remettant au Ciel.

Cette vie édifiante lui attira de nombreux amis. Ils lui érigèrent, en 1751, un abri au creux de la moraine glaciaire qui cernait autrefois l'étang des Buttes.

Par la suite les eaux s'en sont échappées et l'étang s'est transformé en tourbière, dont l'exploitation s'acheva en 1947. En 1757 fut bâtie la chapelle actuelle, avec une chambre et une cuisine. Cet ensemble devint la résidence de frère Joseph pendant 33 ans, jusqu'à sa mort.

Au procès de béatification il a été rapporté que frère Joseph, par acte de pénitence, plantait des clous dans ses sabots pour accroître sa souffrance. Après sa mort fut retrouvée une ceinture, garnie de pointes de fer, avec laquelle il s'enserrait la taille.

Il préférait dormir dans un cercueil de sa fabrication, plutôt que dans son lit. Au milieu de la nuit, un dispositif d'horlogerie lui faisait tomber une grosse pierre sur la poitrine pour le réveiller et lui rappeler l'heure de la prière.

Par sa pénitence, combien de bonheur a-t-il ainsi mérité pour les autres ?

Outre la prière, sa principale occupation consistait à fabriquer des chapelets. Il rendait de nombreux services aux gens qui l'entouraient et leur enseignait la confiance en la prière.

Une curieuse anecdote a été racontée lors du procès :

« Des bûcherons descendaient une pièce de charpente énorme qu'ils avaient beaucoup de peine à maintenir. Arrivés à un endroit moins en déclivité, cette pièce de bois se trouva arrêtée et malgré leurs efforts ils ne pouvaient la remuer.

Ils se mirent à jurer, lorsque frère Joseph passa par là. Celui-ci leur expliqua que leurs blasphèmes ne pouvaient leur être, dans la circonstance, d'aucune utilité. Ils ripostèrent en lui demandant de les aider...

Frère Joseph saisit une corde attachée à la pièce de bois pour tirer devant eux. Ils se donnèrent le mot et lui laissèrent tirer seul toute la charge.

Frère Joseph enleva l'arbre à la stupéfaction des ouvriers qu'il invita à ne plus blasphémer à l'avenir ».

Dans l'actif de ses miracles on découvre plusieurs cas d'enfants mort-nés, ressuscités par frère Joseph. En effet, on lui apportait les enfants mort-nés afin qu'il leur donne pendant quelques instants un souffle de vie, de sorte qu'un prêtre puisse les baptiser. De nombreux cas de guérisons miraculeuses ont également été mentionnés. On rencontrait fréquemment l'humble ermite au chevet des malades pour leur apporter paix et réconfort.

Mais après l'hiver 1783-84, les habitants de la contrée s'inquiétèrent de ne plus voir frère Joseph, ni à l'église, ni au chevet des malades, ni dans les fermes de la montagne. Des personnes se rendirent à l'ermitage pour s'enquérir de frère Joseph. Ils le trouvèrent, couché dans son cercueil, extrêmement affaibli, écrasé par la pierre tombée sur sa poitrine qu'il n'avait plus eu la force d'enlever. C'est le 30 avril 1784 qu'il exprima le désir de recevoir les derniers sacrements et c'est avec la prière qu'il s'endormit dans la paix de Dieu.

De nos jours, les restes de frère Joseph peuvent être vénérés en l'église de Ventron où ils sont précieusement conservés dans un cercueil en verre.

Le 22 avril 1903, le pape Léon XIII déclara le frère Joseph « Vénérable ».

L'ermitage du Vénérable frère Joseph, imprégné de Sainteté, est devenu un lieu de pèlerinage où de nombreux pèlerins viennent chercher la guérison et le réconfort.

Le dernier dimanche de juillet, la paroisse de Ventron vient chanter les vêpres à la chapelle de l'ermitage.

A quelques pas de l'ermitage coule une fontaine qui semble spécialement bénéfique pour les affections osseuses, les problèmes de membres.

Il y a encore quelques années, de nombreux ex-voto garnissaient l'ermitage, en souvenir des grâces et des miracles obtenus par l'intercession du frère Joseph. A cette époque, une tradition voulait que les pèlerins tirent la corde actionnant la cloche de la chapelle pour que les prières soient entendues par le vénéré ermite.

Le 12 juillet 1961, à 17 h 05 précises, se déclencha une violente tornade qui s'abattit sur la forêt abritant l'ermitage, arrachant, cassant et saccageant les arbres.

A 17 h 10, la paix et le calme revinrent et l'on fit l'inventaire des dégâts occasionnés par la catastrophe :

— 1.000 m^3 de bois jonchaient le sol et miraculeusement l'ermitage fut épargné.

Etait-ce une manifestation du vénérable frère Joseph ?

Un complexe hôtelier, doté de courts de tennis et d'une station de sports d'hiver, a été construit près de l'ermitage.

A l'origine, au début du siècle, une ferme s'élevait en ces lieux. Elle fut acquise en 1923 par le fondateur de l'hôtel initial dont la première pierre fut posée en 1932. Il exploitait la tourbière que nous avons citée. L'activité consistait à découper la tourbe en briquettes et à la faire sécher au soleil, elles étaient destinées au chauffage.

Pour nourrir ses onze enfants et payer les dettes de l'hôtel en hiver, il se faisait colporteur et, une hotte sur le dos, il descendait au village pour vendre des images saintes.

C'est la guérison miraculeuse d'une plaie variqueuse qui l'engagea à construire la grotte à côté de la fontaine du frère Joseph.

Aujourd'hui, la modeste ferme, à laquelle on accédait par un chemin de terre, a fait place à un complexe hôtelier très confortable où l'on peut concilier la détente, le sport, l'amour de la faune et de la flore avec la méditation et la régénération.

Ce lieu de pureté, propice aux belles réussites, aux grâces et aux miracles, sera particulièrement apprécié par les promeneurs ou les pèlerins en quête de méditation et de recueillement et les bénéfiques vibrations cosmo-telluriques propagées généreusement aux environs de l'ermitage du vénéré frère Joseph sauront continuer l'œuvre de l'humble ermite en ces lieux choisis par le Ciel.

SAINTE-ANNE DANS LA VALLÉE DE RIMBACH

Tous les Alsaciens connaissent le pèlerinage de Thierenbach, près de Soultz, considéré comme le plus important de la région avec ses 300.000 pèlerins et visiteurs par an.

Situé sur l'emplacement d'un prieuré clunisien, fondé par les comtes d'Eguisheim vers 1130, il subit maintes épreuves.

De nombreuses personnes sont venues à la procession du 15 août, mais rares sont celles qui ont songé à monter à la

LA CHAPELLE DE SAINTE-ANNE

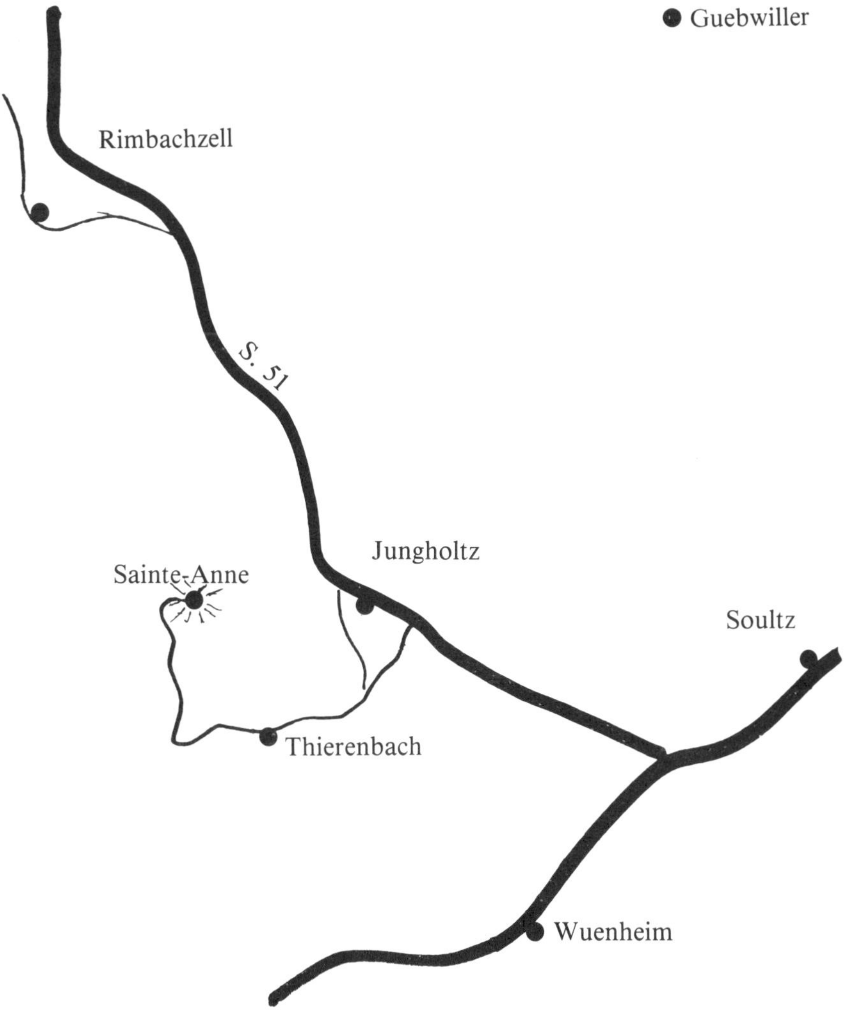

petite chapelle octogonale de Sainte-Anne. Elle est située à l'entrée du centre de convalescence et de cure, à quelques centaines de mètres au-dessus du clocher aux contours de style baroque de Thierenbach.

Sur le plan cosmo-tellurique, Thierenbach est pourvu d'une Onde de Vie relativement moyenne, alors que sur la colline de Sainte-Anne, le taux est nettement plus élevé.

A ce propos, certaines personnes qui fréquentent régulièrement les pèlerinages, nous ont fait part des sensations qu'elles ont éprouvées en ces lieux saints, sans pouvoir bien expliquer leurs impressions.

Elles ont soutenu par exemple qu'elles étaient plus émues à Dusenbach près de Ribeauvillé qu'à Thierenbach — impressions confirmées par nos mesures au géodynamètre.

Faut-il en déduire que si le pèlerinage de Thierenbach avait lieu à Sainte-Anne les grâces dispensées seraient amplifiées par la vibration cosmo-tellurique plus puissante de la colline ?

Une touchante légende est liée aux origines de la chapelle de Sainte-Anne.

Au milieu du Moyen Age, Charles, le jeune chevalier de Felsenberg, était follement amoureux de la plus jeune fille du seigneur de Hohenberg, Wilhelmine.

Eperdus d'amour, ils attendaient impatiemment le jour de leurs fiançailles qui devaient avoir lieu au château de Felsenberg à côté de Jungholtz.

Malheureusement, la veille de la fête, la mère de la fiancée tomba gravement malade.

Wilhelmine, pour obtenir sa guérison, fit vœu de renoncer aux plaisirs de ce monde et entra au couvent de Thierenbach, sous le nom de sa mère, Anne.

Charles, le cœur profondément meurtri par cette décision, se fit admettre au monastère de Cluny en Bourgogne.

Mais quelques années plus tard, il fonda un monastère au-dessus de Jungholtz, d'où il pouvait apercevoir le couvent où s'était recluse celle qui un jour s'était promise à lui.

Un soir, Charles vit jaillir des flammes du couvent de Thierenbach.

Très inquiet, il se précipita, mais ne put que donner les derniers sacrements à sa bien-aimée. En souvenir, il fit construire une chapelle à l'endroit où sa sainte amie, Anne, a été enterrée.

Il décida de terminer sa vie en ermite et sonna chaque jour les heures de la prière à la chapelle. Il avait demandé à ses amis de ne venir à l'ermitage que le jour où la cloche ne sonnerait plus. Elle se tut six mois après. Charles avait rejoint sa bien-aimée.

A l'intérieur de l'actuelle chapelle on peut voir une pierre portant la date de 1685. Il est fort probable qu'il s'agisse de la date de reconstruction du sanctuaire détruit durant la guerre de Trente-Ans.

Le premier document qui cite l'ermitage et la chapelle Sainte-Anne est un acte de donation qui date du début du XVIIIe siècle.

Il semblerait que l'Onde de Vie qui dépasse, à l'intérieur de la chapelle, + 28 au géodynamètre, ait déjà attiré en ces lieux des ermites au début de notre ère.

Bien plus tard, entre 1755 et 1780, un ermite médecin-chirurgien, réputé dans toute la Haute-Alsace, exerçait son art gratuitement sur ces mêmes lieux.

Un siècle plus tard l'ermitage fut transformé en auberge, puis agrandi en hôtel qui fut détruit pendant la guerre de 1914-18.

Actuellement, accolée au centre de convalescence et de cure, une petite chapelle s'élève sur l'emplacement de l'ancien ermitage. Ce petit sanctuaire date du XVIIe siècle et renferme une statue de Sainte-Anne de 1723.

Au sein de cette belle forêt de sapins avec ses merveilleuses possibilités de promenades, cette clairière vibrante de sérénité est un lieu prédestiné pour les personnes du troisième âge qui peuvent venir en toute quiétude y faire une cure de jouvence et retrouver des forces déficientes.

LE MENHIR DE LA FORÊT DE SOULTZMATT

Langenstein signifie pierre longue. Avec ses 3,75 mètres de hauteur, c'est un monument mégalithique aussi imposant que le sont ceux de Bretagne, appelés « menhirs ».

Il se situe dans les environs de la vallée de Guebwiller, déjà très connue par son site « le Florival » et son micro-climat, chers au cœur des Guebwillerois.

Situé en plein centre de la forêt de Soultzmatt, plénitude de fraîcheur et de calme pour le visiteur qui voudrait s'isoler quelques heures, au milieu des hêtres, frênes, acacias, chênes qui bordent l'allée principale allant au menhir.

Le lieu dit « La Gauchmatt », près du Langenstein, offre aussi l'avantage d'avoir quelques espaces verts et libres pour le sport, terrain spacieux qui voisine non loin de là avec un cimetière roumain.

Le Langenstein n'est visible qu'à partir de quelques mètres de son emplacement, protégé par une nature généreuse qui lui fait cercle et de quelques bancs en bois blanc qui vous invitent à la détente et la méditation.

Ce menhir imposant par sa forme quadrangulaire ainsi que par son volume, est formé de conglomérat. Il paraît tout aussi discret, qu'insolite et harmonieux dans sa couleur, envers la nature.

Sous certains effets de lumière, nous pourrions voir en sa forme celle d'un bon protecteur des lieux.

Le menhir de Soultzmatt

Ce monolithe « travaille », terme de notre métier, par son tellurisme que nous mesurons à + 25 sur 5 mètres de rayonnement. C'est donc un lieu de régénération où il n'est pas indiqué de rester au-delà de quelque 20 minutes pour ne pas surcharger inutilement l'organisme d'énergie.

Ce n'est pas par l'effet du hasard que ces lieux ont été choisis pour ériger ces monuments car ils recelaient une résonance et une ordonnance que l'homme des millénaires passés savait utiliser à des fins multiples. Mais ils avaient très souvent pour mission, ces menhirs, de régénérer et parfois, de guérir — mythe et tradition bien connus d'une civilisation encore proche de nous se perpétue encore.

Ces pierres — menhirs — Langenstein, à ces endroits bien précis, servaient de relais, de capteur, de draîneur, pareils à des aiguilles d'acupuncteur, pour capter l'énergie du corps humain. Notre planète est parcourue d'un réseau complexe de connexions entre les dolmens, menhirs, cathédrales, abbayes qui permettaient de mesurer également la tension de notre terre.

De vieilles traditions celtiques voulaient qu'en touchant la pierre, le menhir, à certaines époques de l'année, il pouvait en ressortir force et santé. La pierre n'est-elle pas vivante et communiquante suivant certains effets de la nature et du sol, comme le sont nos sources thermales ? Elles peuvent être sédatives, toniques, curatives... méditatives.

Car la pierre parle depuis toujours. Par son langage mystérieux elle a su réunir des hommes, maintenir des foules, en annonçant les nouveaux édifices à venir où furent implantés sanctuaires, temples, cathédrales, abbayes, qui sont les traits d'union de l'homme à l'Esprit Divin.

Il faut savoir que le mégalithisme est une science qui fait la différence entre une pierre qui émet et celle qui est là, très souvent, suivant la volonté de la nature.

La légende reste toujours vivante et chère au cœur des enfants.

Est-elle une fiction ou une réalité qui se fait parfois même trop présente et trop insistante ?

Notre planète n'est-elle pas faite d'un corps physique et d'un autre corps psychique, fluidique, qui n'est autre que son magnétisme terrestre ?

Notre être en porte les mêmes effets.

Notre psychisme a besoin de cette libération, ouverture grandissante sur un au-delà toujours en mouvement — et pour celui qui sait voir, regarder, entendre, et qui sait aussi qu'un autre espace intérieur nous fait face — une autre réalité nullement en opposition avec notre réalité présente.

Ces deux espaces se rejoignent pour se créer harmonieusement et se font présents dans ce que l'on appelle conte, légende et mythe — avec très souvent pour amie la lune — qui par ses effets sonores et réfléchissants, facilite l'interprétation et la visite d'un monde invisible et imaginaire pour d'autres.

Rentrons dans la légende du Langenstein, à la rencontre de sa Dame Blanche qui depuis bien des siècles vient lui rendre visite par certains soirs de pleine lune... Silhouette fluidique, transparente et mouvante dans sa longue robe blanche, effleurant de son pas léger le sol nimbé de lumière lunaire.

Elle avance, lente et précise, dans la direction de la pierre, avec ce visage au sourire sans joie, des cheveux clairs encadrent un visage presque parfait.

La voici face à lui, silencieuse et muette.

Lui adresse-t-elle une prière, une supplication à la recherche d'un vœu non réalisé ou tout simplement ce lieu fut-il jadis le témoignage de guérison ou d'un bonheur, de vœux échangés entre fiancés, dans une ronde de chants et danses ?

Il semble que la frêle apparition s'anime tout doucement autour de la pierre — par un effet de pas de danse.

LE FLORIVAL : UNE VALLÉE BÉNIE DE DIEU

La vallée de Guebwiller, baptisée « Florival », en 1041, par un moine-poète, le frère Frulandus, qui fut conquis par cette vallée très fleurie bénéficiant d'un micro-climat.

Cette région ne semble avoir été « découverte » qu'au VIIIe siècle, lors de la construction de l'abbaye de Murbach. Pourtant, cette contrée est un lieu prédestiné pour la voie mystique et elle a certainement été peuplée par de nombreux ermites qui avaient choisi d'élire domicile dans cette région, propice à la vie contemplative. L'Onde de Vie très harmonieuse de ces lieux, leur permettait de mieux accéder à des états de communion avec les sphères célestes.

L'histoire du Florival est peuplée de légendes et de faits miraculeux comme l'apparition miraculeuse de la Vierge, et de saint Valentin qui, dans la nuit du 13 au 14 février 1445, repoussa les pillards armagnacs de l'armée du futur Louis XI.

Dans la vallée, nul n'ignore les grâces de saint Gangolphe, ni les bienfaits de la fontaine du même nom située près de la chapelle Saint-Gangolphe, dans un vallon de Schweighouse (près de Lautenbach).

Le Florival a la particularité de ne pas posséder de haut lieu vibratoire mais est doté d'une Onde de Vie très intéressante dans la mesure où c'est la seule zone positive d'Alsace d'une surface aussi importante. Aussi cette région méritait-elle de figurer dans cet ouvrage.

Il existe bien sûr des points perturbés, mais dans l'ensemble, l'Onde de Vie peut être considérée comme saine et très harmonieuse, puisqu'elle tourne en moyenne autour de + 10 au géodynamètre.

Au fond de la vallée, le Florival a le privilège d'être traversé perpendiculairement par un axe magnétique. Cette

LE FLORIVAL

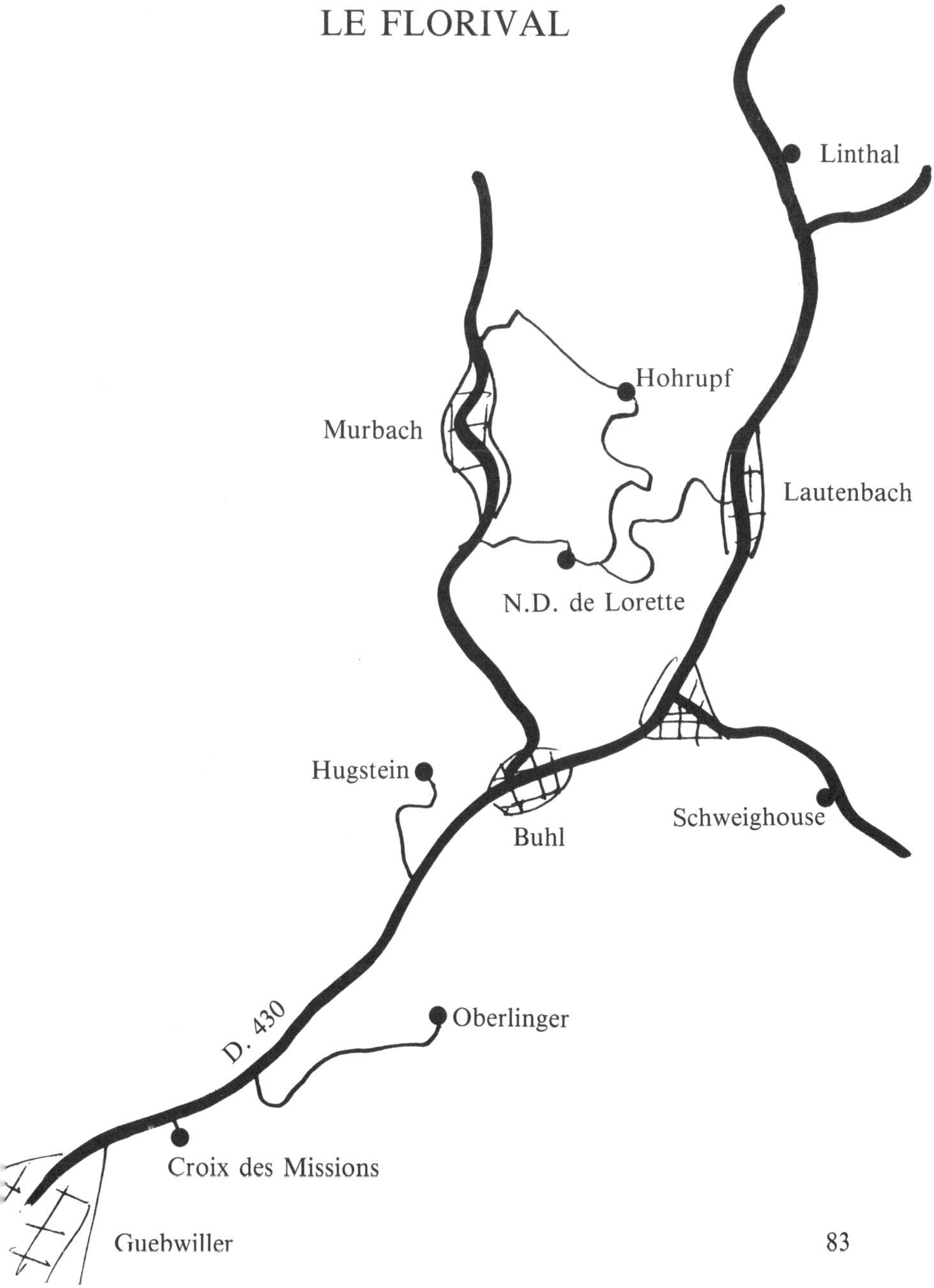
Linthal
Hohrupf
Murbach
Lautenbach
N.D. de Lorette
Hugstein
Buhl
Schweighouse
Oberlinger
D. 430
Croix des Missions
Guebwiller

bande magnétique large d'environ 500 mètres, propage une Onde de Vie de + 22 au géodynamètre.

Cette vallée, arrosée par la Lauch, bien que moins longue et plus étroite que les vallées de Munster et de Thann qui l'entourent, possède sur ce territoire restreint un important capital d'édifices religieux et médiévaux.

La visite de ces lieux permettra, pour le plus grand bien des promeneurs, d'allier la dépense physique à l'harmonie cosmo-tellurique.

Avant de nous engager dans cette vallée bénie de Dieu, nous nous attarderons à deux hauts lieux vibratoires, situés aux alentours de celle-ci et dont nous venons de parler.

— la chapelle Sainte-Anne de la vallée de Rimbach,
— le menhir de la forêt de Soultzmatt.

L'origine de Guebwiller et du Florival est indissociablement liée à la création des abbayes de Murbach et de Lautenbach dont les moines défrichèrent les forêts et construisirent des moulins et des ponts.

Vers 727, le futur saint Pirmin fonda dans un vallon, à proximité de la vallée de la Lauch, le couvent de Murbach en persuadant les ermites irlandais et écossais qui occupaient les lieux de vivre en communauté, selon la règle de Saint-Benoît.

Le comte Eberhard d'Eguisheim de la famille ducale des Eticonides, neveu présumé de Sainte Odile, fit à l'abbaye d'importantes donations.

Du temps de Charlemagne, Murbach était un centre de rayonnement à l'échelle de l'Europe d'aujourd'hui.

Elle avait acquis une grande puissance et possédait un immense territoire.

L'abbaye, où n'étaient admis que les nobles d'un certain rang, obtint le privilège de l'immunité royale. Murbach frappait sa propre monnaie. C'est à cette époque que fut créé à Lautenbach le couvent bénédictin, transformé en 1050 en un chapitre de chanoines augustins qui exista jusqu'à la Révolution.

La Lauch délimitait le territoire des deux communautés. Murbach à droite, Lautenbach à gauche. Plusieurs châteaux forts furent construits dans la vallée par les moines de Murbach pour protéger leur abbaye.

Guebwiller fut nommée dès 774 propriété de l'abbaye de Murbach. Elle devint ville fortifiée au XIIIe siècle.

En 1200 y fut construit un des édifices les plus célèbres de l'Alsace, l'église Saint-Léger, avec ses deux tours carrées dominées par la puissante tour octogonale.

C'est au XIVe siècle que les Dominicains s'installèrent à Guebwiller et y construisirent leur couvent et leur église avec son caractéristique clocher qui prend naissance au faîte de la toiture.

Au XVIIIe siècle, les chanoines de Murbach transférèrent leur chapitre à Guebwiller et firent ériger la majestueuse église Notre-Dame en grès rose. Elle abrite un monumental retable illustrant une splendide Assomption.

Dans le grand parc à côté de l'église, les princes-abbés construisirent un élégant château du même style.

Pour faire connaissance avec le Florival, il est nécessaire de commencer le périple par une visite du parc d'agrément situé à l'entrée de la ville de Guebwiller.

Le promeneur y découvre une végétation luxuriante, regroupant une flore locale, méditerranéenne et... tropicale. Toute cette contrée est à l'image de la subtilité des parfums de ce jardin.

Cet ouvrage étant spécifiquement consacré aux hauts lieux vibratoires, nous prions le lecteur de se rapporter aux nombreux ouvrages traitant des différents lieux évoqués. De même, des organismes spécialisés ont établi des circuits pédestres pour accéder aux curiosités que nous citons. Notre but est essentiellement de permettre au promeneur de découvrir une histoire passionnante par « l'exploration » de sites évoquateurs, tout en bénéficiant de l'harmonieuse énergie cosmotellurique irradiant le Florival.

— A l'entrée de la ville, en face de l'enchanteur parc municipal, on peut apercevoir le château des moines-abbés (La Neuenburg) qui fut reconstruit après la Guerre de Trente Ans.

De nos jours, cette ancienne demeure abbatiale a été transformée en école normale de jeunes filles.

— Dans l'église Notre-Dame à côté, on peut admirer le spectaculaire retable de l'Assomption qui fait apparaître la Vierge dans un amoncellement de nuées, portée par des angelots.

— A quelques pas, l'ancienne église des Dominicains, transformée en musée et en salle de concert. (Entre-temps, le musée a été transféré, à gauche de l'église Notre-Dame dans l'une des cinq maisons canoniales entourant cet édifice). Elle a la particularité d'avoir un chœur séparé de la nef par un jubé peint entre 1330 et 1340.

(De l'octogonal château du Burgstall, construit au XIIIe siècle, il ne subsiste plus qu'un pan de mur, englobé dans un supermarché !).

— L'église Saint-Léger, située à la sortie de la ville, est considérée comme l'un des plus beaux édifices et l'un des mieux conservés de style de transition du roman au gothique.

— Sur les hauteurs de Guebwiller s'élève un ermitage comme il devait en exister de nombreux dans la vallée du Florival. Non loin une source et une croix de fer perpétuent le souvenir des ermites. On y accède par la rue des Ermites.

— Au-dessus de la ville, un calvaire, la Croix de Mission, surplombe l'entrée de la vallée de la Lauch. L'amateur de géologie découvrira une faille tertiaire.

Le Florival-Lautenbach

— En face de l'Ermitage, sur l'autre versant du Florival, sur les hauteurs de l'Oberlinger, on peut découvrir d'anciennes murailles dont l'origine est mal connue. (Les uns les attribuent à un castel romain, d'autres pensent qu'elles proviennent d'une construction moyenâgeuse).

Par beau temps la vue y est splendide.

— Du château du Hugstein, entre Guebwiller et Buhl, ne subsistent plus que les ruines. Ce castel de plan quadrangulaire avec un donjon avait été édifié par l'abbaye de Murbach au XIIIe siècle pour assurer sa protection.

— De Buhl, un chemin conduit directement à la chapelle de Saint-Gangolphe et à la fontaine, où selon la légende, les femmes infidèles qui y trempent leur main la retirent noire, couleur de jais.

A Buhl, l'église néo-romane située sur une élévation abrite un grand retable de la fin du XVe siècle.

— Blotti dans un agréable site du Florival, le sympathique village de Lautenbach conserve précieusement « La Collégiale ».

De l'ancienne splendeur abbatiale ne subsiste plus aujourd'hui que la collégiale, d'architecture romane-gothique.

Des recherches et des fouilles, effectuées par l'ancien chanoine qui avait publié en 1958 un passionnant ouvrage « Stift Lautenbach », ont permis de retrouver sous l'actuelle collégiale les vestiges de l'ancienne église, — forteresse carolingienne dévastée par les troupes impériales.

Dédiée à l'archange Saint-Michel, elle fut érigée en 811 par les disciples de Saint-Colomban, venus de Honau.

La superbe façade de grès rose avec son beau narthex muni de colonnes élancées et de mystérieuses sculptures charment les amateurs d'Art. A l'intérieur on peut admirer de remarquables statues et l'un des joyaux de l'Alsace, la chaire du XVIIIe siècle, haute de sept mètres.

Travaillés dans du tilleul et de l'aulne, les dix panneaux représentent la Vierge et l'Enfant et les cinq évangélistes.

Des concerts sont donnés à la Collégiale durant l'année et, en été, des spectacles « son et lumière », évoquent 1000 ans d'histoire.

La région de Lautenbach est empreinte des grâces de la Sainte religieuse Marthe Gerrer qui est devenue l'ange gardien de la contrée, « Je redescendrai... » avait-elle promis en quittant cette terre.

Un des nombreux témoignages :

« Le 3 février 1940, mon beau-père et moi roulions en direction de Beaune pour assister à l'enterrement de notre petite sœur, Marthe. A Seurre, à 25 km avant Beaune, l'indicateur du niveau d'essence tomba à zéro ; plus une goutte de carburant. Nous avons alors invoqué notre petite sœur. A notre stupéfaction, la voiture continua à avancer et nous amena jusqu'au Carmel ».

— De Lautenbach un chemin conduit à la chapelle Notre-Dame-de-Lorette à Murbach, où la sereine forêt invite à la méditation.

— Encore quelques pas et voilà l'un des plus célèbres monuments d'art roman de l'Alsace : l'ancienne abbatiale de Murbach. L'impressionnante église du XIIe siècle témoigne du prestique qu'a connu l'abbaye.

Ce chef-d'œuvre en partie détruit, frappe par sa monumentalité. (La nef fut démantelée au début du XVIIIe siècle).

Le sarcophage dans lequel furent recueillis les restes des moines massacrés lors d'un raid hongrois en l'an 929 semble confirmer la légende du Mordfeld.

— Au-dessus de Lautenbach, à 812 mètres d'altitude au Hohrupf, entre la vallée de la Lauch et le vallon de Murbach, subsistent quelques rares vestiges d'un château édifié en 1250 par les abbés de Murbach. Il servit de fortin pendant la guerre de 1914-18.

— Au départ de Linthal vers le pittoresque vallon du Seebach on peut découvrir, sur un promontoire rocheux, les restes du château de Husenburg ou Huserschloss, des nobles de Hus, vassaux de Murbach. Les charmantes églises de Lautenbach-Zell, Linthal et Sengern méritent également une visite.

LA CHAUME HANTÉE PRÈS DU GRAND-BALLON

Dans les « Stube » du Florival, quand les sommets environnants sont recouverts de leur blanc manteau d'hiver, les anciens racontent d'étranges légendes qui parlent de forêts peuplées d'âmes, celles des êtres qui ont vécu, mais aussi celles des humains à venir. Il existerait même dans la vallée un sapin habité par l'âme d'un jeune homme que l'on peut entendre, certains soirs, se lamenter sur sa solitude qui serait la conséquence de sa mauvaise vie passée sur terre.

On raconte aussi souvent, sous différentes versions, l'histoire de la « chaume hantée », près du Grand-Ballon.

Certains marcaires affirment que les nuits de nouvelle lune, quand le paysage est d'un noir d'encre, on peut distinguer entre le Hundskopf et le Storkenkopf, sept ombres blanches qui semblent se déplacer sans toucher le sol, comme si elles effectuaient un étrange ballet. On prétend que le soir de Noël, il est possible de percevoir des chants grégoriens.

Cette mystérieuse légende, ancrée dans l'esprit des habitants du Florival, est liée aux différents pillages dont fut victime la riche abbaye de Murbach.

Jadis, lors d'une de ces invasions, les sept plus vigoureux moines de l'Abbaye furent chargés de mettre en sûreté le trésor religieux, dans un lieu secret, situé sur les hauteurs vosgiennes.

LE GRAND BALLON

Le lac du Ballon

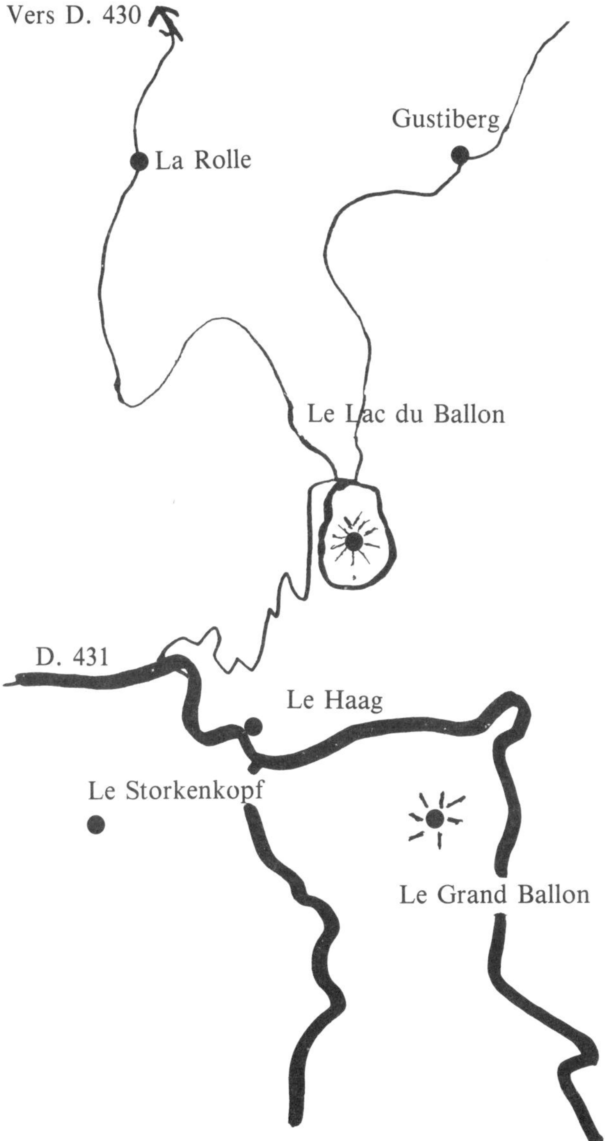

A cette époque, la neige recouvrait la contrée et les sept moines, lourdement chargés des ciboires, des calices, des ostensoirs et de toutes les pièces précieuses et de quelques provisions, affrontèrent courageusement les bourrasques glaciales. S'enfonçant jusqu'aux genoux, dans ce tapis immaculé, ils cheminèrent péniblement vers les sommets.

La marche devenait de plus en plus difficile, entravée par la glace qui raidissait leur robe de bure et les alourdissait.

Après plusieurs heures épuisantes, éreintés, voyant le jour tomber, ils décidèrent de s'arrêter pour la nuit à l'abri de la tempête, entre le Hundskopf et le Storkenkopf. Transis, ils se serrèrent les uns contre les autres, n'osant allumer un feu, de crainte d'être repérés au loin par les barbares.

Ils s'endormirent en priant, implorant les grâces du ciel. Au milieu de la nuit, de sinistres hurlements les tirèrent brusquement du sommeil et ils n'eurent que le temps de confier leur âme à Dieu, que déjà les pillards, en vociférant, s'abattaient sur eux et les massacrèrent sur le champ, sans pitié, les délestant de leur précieux fardeau.

Furieux de ne pas trouver le trésor dans la riche abbaye, les envahisseurs comprirent, en voyant les traces de pas dans la neige, que celui-ci avait disparu des lieux.

Tel fut le triste sort des sept moines de Murbach.

Les apparitions lors de la nouvelle lune, sont-elles mythe ou réalité ?

Nous nous contenterons de rapporter deux anecdotes récentes, vécues par des gens de confiance.

Dans la vallée de la Lauch, il existait autrefois plusieurs moulins alimentés par la force du torrent.

Dans l'un deux, transformé en usine, les employés vivent, certaines nuits, des choses étranges. Dans cet établissement il arrive que les ouvriers travaillent « de nuit » et certains d'entre eux ont parfois la curieuse sensation que « quelqu'un » les observe pendant leur travail. Pourtant, quand ils lèvent la tête, il n'y a personne, si ce n'est une ombre blanchâtre et vaporeuse qui s'évanouit derrière les machines. Si la « Dame Blanche », comme ils la nomment, fait sourire certains ouvriers, d'autres sont littéralement terrifiés.

Il arrive que les portes s'ouvrent ou se ferment toutes seules. L'un des ouvriers a rapporté qu'une nuit, lorsqu'il cherchait un objet dans un réduit de l'usine, la porte s'est brusquement refermée sur lui, sans raison. Il eut la terrifiante sensation que la « Dame Blanche » était avec lui dans la pièce. Mort de peur, il bondit hors du réduit et ce n'est que quelques semaines plus tard qu'il raconta son aventure à ses collègues.

Serait-ce la même « Dame Blanche » que celle qui hante depuis des décennies le Geffenthal à côté de Lautenbach ?

Quand des êtres décèdent brutalement ou accidentellement, alors qu'ils ne sont pas... « prêts » à quitter ce monde et que de surcroît le décès se produit en un endroit perturbé sur le plan cosmo-tellurique, leur âme reste sur les lieux.

L'âme porte aussi le nom de corps fluidique, de corps éthérique, de corps astral ou d'entité. Généralement, ces êtres désincarnés ne veulent aucun mal à leurs frères humains mais se manifestent à leurs yeux pour solliciter une aide pour pouvoir se détacher de la matière et de la terre.

Nous avons constaté que chaque fois que nous « purifions » ce genre de lieu, ces phénomènes ne se reproduisent plus.

Purifier les lieux consiste à apporter la paix à ces entités qui sont bloquées entre deux mondes, entre deux dimensions, de façon à ce qu'elles puissent accéder à la lumière.

Cette action est généralement opérée par les prêtres qui ont reçu en quelque sorte une grâce divine.

Dans ce chapitre de l'étrange peut aussi être incluse la mystérieuse et terrifiante aventure vécue par une famille qui pensait passer une nuit paisible dans un charmant hôtel qui était un ancien... moulin. Vers deux heures du matin, la petite fille qui dormait dans une chambre à côté de celle de ses parents, se précipite, affolée, chez eux en balbutiant : « J'ai peur, il y a quelqu'un qui marche dans ma chambre ».

Le père, effectivement, avait été réveillé par des pas lourds et sourds qui semblaient provenir de la chambre de sa fille.

La chambre de la petite fille fut examinée dans ses moindres recoins. Personne.

Le lendemain matin, ils firent part de leur nuit mouvementée à l'hôtelier qui ne se montra pas surpris et leur expliqua que « c'est le meunier qui revenait ».

« Il y a quelques dizaines d'années, le meunier du moulin eut un accident en manœuvrant une vanne et tomba mortellement blessé dans la rivière. Depuis lors, de temps en temps, on entend le meunier qui revient se promener (ou travailler) dans son moulin ».

Il faut préciser que toutes les personnes n'ont pas la possibilité de capter ces phénomènes. Dans le cas présent, la mère n'avait rien entendu.

Dans nos dossiers, se trouve un cas de maison « habitée » où les habitants étaient victimes de phénomènes très éprouvants :

— En pleine nuit, ces personnes entendaient très distinctement des voix d'enfants qui jouaient dans la cour.

— Le soir, au moment où toute la famille était attablée pour souper, les marches en bois menant à l'étage, craquaient comme si quelqu'un montait.

— Certains membres de la famille furent victimes de visions d'êtres venus « d'ailleurs ».

Ils se réveillaient brutalement dans la nuit et se trouvaient face à face avec un être hirsute et grimaçant.

— Des boules de lumière dorée se promenaient dans la maison.

— Parfois, même le poêle à mazout, chauffé à « blanc », n'atténuait pas le courant glacial qui traversait la pièce où pourtant, toutes les ouvertures étaient calfeutrées.

— Dans le salon, il arrivait qu'un fauteuil s'enfonçât, comme si quelqu'un d'invisible s'y asseyait.

Le récit complet et détaillé de cette expérience, aussi fascinante qu'incompréhensible, (et pourtant vraie) n'ayant pas sa place dans cet ouvrage, nous nous bornerons simplement à préciser que malgré plusieurs exorcismes, effectués par des prêtres ou des parapsychologues, les inquiétants phénomènes revenaient et persistaient.

Ce n'est guère qu'après avoir établi l'équilibre cosmo-tellurique des lieux, avec un dispositif protecteur, que tout est rentré définitivement dans l'ordre.

En méditant ces récits et ces légendes, nous nous rendons compte qu'il est difficile de dissocier le réel de l'imaginaire et qu'en réalité, le fantastique et le merveilleux, sont à deux pas de nous.

Nous les côtoyons bien plus souvent que nous ne le pensons (et ne l'admettons).

LE MYSTÉRIEUX LAC DU BALLON

Compris dans l'axe magnétique qui sera abordé de façon plus approfondie dans le chapitre suivant, le lac du Ballon est le haut lieu vibratoire et régénérateur qui domine la vallée du Florival.

Avec son Onde de Vie de + 22 au géodynamètre, cet endroit bénéfique est le bienvenu pour les promeneurs qui auront parcouru les sites du val fleuri.

Un vaillant nonagénaire, résidant dans la vallée, se fait conduire deux à trois fois par semaine au lac du Ballon pour y faire sa cure de jouvence pendant une heure.

Aurait-il découvert le secret de longévité ?

Sa dévouée gouvernante a constaté que s'ils montaient au lac après 17 heures, elle redescendait tellement tonifiée qu'elle ne pouvait plus s'endormir.

Cet exemple illustre bien que pour cette « thérapeutique », comme pour toutes les autres d'ailleurs, les besoins varient suivant chaque individu.

Le lac du Ballon, presque circulaire avec ses parois abruptes qui se reflètent dans son eau vert sombre, a frappé l'imagination des habitants de la vallée et donné naissance à de nombreuses légendes.

Le chariot rempli de pierres précieuses du dieu Wotan ou le carosse d'or d'Attila séjournerait au fond du lac.

Ce lac d'origine glaciaire a été aménagé par les moines de Murbach à la fin du XVe siècle.

Sous le règne de Louis XIV, Vauban fit surélever de 15 mètres le niveau de l'eau pour l'alimentation d'un canal servant au transport des matériaux nécessaires à la construction de la place forte de Neuf-Brisach.

En 1740 le barrage se rompit et la gigantesque masse d'eau se précipita dans la vallée en détruisant et ravageant les rives sur son passage. Aujourd'hui, le lac du Ballon est un lieu privilégié pour les personnes qui veulent bénéficier d'une régénération cosmo-tellurique dans un décor enchanteur.

Le lac devient un cadre de contes fantastiques quand en hiver il est recouvert de glace et que les parois environnantes

Le lac du Ballon

sont pourvues d'un manteau de neige. On croit alors à chaque instant que va surgir de ce merveilleux paysage une fée vêtue d'un immense manteau brodé d'or.

Une légende, connue par tous les enfants de la contrée, raconte les origines du lac du Ballon.

Jadis, l'emplacement actuel du lac était couvert d'un pré verdoyant sur lequel jouaient les animaux sauvages de la forêt.

A quelques pas de cette paisible clairière se dressait l'humble hutte de la veuve d'un pauvre charbonnier.

Un riche bourgeois de la vallée, séduit par ce cadre enchanteur proposa à la miséreuse d'acquérir ce pré et lui proposa un bon prix.

La veuve, très attachée à ce bien qui était le souvenir que lui avait laissé son époux, refusa les écus sonnants et trébuchants du bourgeois.

Celui-ci ne pouvant obtenir l'objet de sa convoitise de bon gré, usa de son influence pour suborner les juges, après avoir accusé la pauvre hère d'être entrée à tort en possession de son bien.

La pauvresse fut expropriée et le pré fut attribué au riche bourgeois.

A la première fenaison, l'imposteur, fier de sa victoire, décida de chercher son foin dans une pompeuse charrette d'or pour narguer la malheureuse, déchue de son bien.

Au moment où le bourgois arriva au milieu du champ, le ciel s'obscurcit subitement et un effroyable tremblement de terre secoua la montagne. Un gigantesque éclair foudroya le pré et d'immenses trombes d'eau s'abattirent sous les violents grondements du tonnerre. Quand le calme fut revenu, un petit lac circulaire occupait l'emplacement du pré.

Emergeant du lac, une très belle dame, richement vêtue, s'éleva dans les airs accompagnée d'une nuée blanche.

LE CHÂTEAU D'ISENBOURG

Majestueusement dressé au-dessus de la ville de Rouffach, le château d'Isenbourg domine de sa noble prestance la plaine d'Alsace.

Ce grand manoir, élevé au XIXe siècle sur les fondations d'une résidence épiscopale, nous offre une intéressante étude sur le choix de l'emplacement des châteaux médiévaux en fonction des influences cosmo-telluriques.

Des très nombreux châteaux construits en Alsace, le seul dont l'emplacement ait été déterminé en fonction d'un élément autre que stratégique, est le château d'Isenbourg, pourvu d'une Onde de Vie gravitant autour de + 30 au géodynamètre.

Mais avant d'approfondir notre étude, nous ouvrons une parenthèse pour signaler que dans ce château, comme dans tous les châteaux dont l'emplacement a été choisi selon une certaine connaissance, existe au moins une pièce où les radiations ne sont pas en rapport avec le reste de la bâtisse, voire même très perturbantes.

En effet, ces châteaux étaient construits de façon à ce qu'une pièce, ou un point, soit nocif. Ce déplorable rayonnement pouvait provenir d'un accident géologique, mais dans certains cas, était provoqué par... une erreur d'architecture volontaire qui créait une onde de forme perturbatrice.

Nous avons observé dans un château de la Vieille France qu'un simple dallage, par sa forme, causait une Onde de Vie néfaste.

Ces lieux où l'équilibre cosmo-tellurique était volontairement rompu, furent souvent réservés à l'emplacement des cachots.

Voilà une forme déplorable, mais subtile, de torturer et d'amoindrir les forces vitales de ses prisonniers. Quelquefois, la chambre « perturbée » était réservée au visiteur de passage indésirable...

L'hôte était ainsi assuré que celui-ci ne resterait pas trop longtemps au château ou qu'il serait affaibli pour négocier un traité ou une affaire.

Il existe des châteaux, où le seul croisement tellurique nocif, correspond à l'emplacement qu'occupaient les vassaux venant s'entretenir avec le maître des lieux.

Il est évident qu'en utilisant ces subtilités, le « Maître » s'avérait toujours être le meilleur et le plus fort, dans tous les domaines de la négociation en jeu.

Les inconditionnels d'expériences vécues ont pu se rendre compte par eux-mêmes, qu'en s'exposant quelques instants sur un tel point nocif, ils eurent la désagréable sensation de se sentir « vidés » de leurs énergies et même, selon leurs réserves vitales, d'avoir comme l'esprit embrumé.

Les origines connues du château d'Isenbourg sembleraient remonter à l'époque mérovingienne.

Nous pouvons néanmoins aisément supposer que sur cette colline de calcaire, appelée la colline du Gallbuehl, s'élevait jadis un ermitage, peut-être un sanctuaire celtique.

Sur le plan vibratoire, c'est la seule butte de la région de Rouffach, possédant une Onde de Vie aussi puissante.

Le couvent, situé en contre-bas, et l'église de la ville sont pourvus d'un taux vibratoire nettement inférieur.

D'après l'histoire du château, le castel, par une donation du roi Dagobert, devint la propriété de l'évêché de Strasbourg, au même titre que la région environnante.

Cette ancienne résidence royale et impériale fut transformée par les évêques de Strasbourg en château de plaisance.

C'est en ces lieux régénérateurs que les prélats strasbourgeois venaient se reposer et en apprécier la sérénité.

Le château d'Isenbourg

LE DOLMEN DU SCHAUENBERG
LE CHÂTEAU D'ISENBOURG

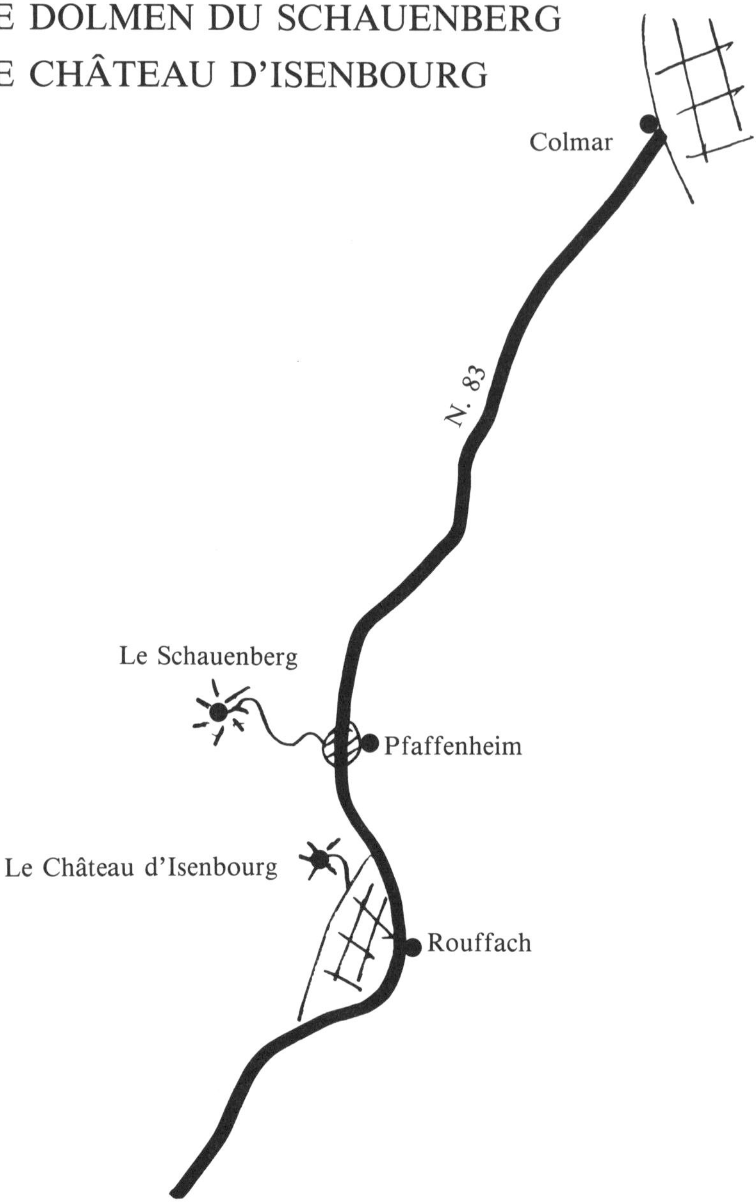

Le château fut détruit au XIXe siècle.

Le château actuel a été reconstruit sur les anciennes fondations et conserve de très belles caves voûtées. A l'extérieur, le visiteur remarquera quelques-unes des fortifications et admirera un puits Renaissance.

En Alsace, il est de coutume qu'à l'église les hommes soient séparés des femmes et qu'ils occupent le côté droit de la nef. A Rouffach, c'est l'inverse. Ce sont les femmes qui se tiennent à droite. Une bien curieuse anecdote, racontée autour des « Stammtisch » de la ville, relate qu'au XIIe siècle, lors de la lutte contre la papauté, l'empereur Henri V de Germanie, s'empara de la ville de Rouffach et s'installa au château d'Isenbourg.

Le capitaine en place au château s'ennuyait sûrement dans cette vaste demeure, car il promit, au cours d'une beuverie, un avancement aux hommes qui lui amèneraient la plus belle fille de la ville. Le dimanche de Pâques 1106, un groupe de soldats se chargea d'enlever la jeune « Finala », qui venait tout juste d'avoir seize ans.

La mère, outragée, appela les hommes à son secours pour délivrer la jeune ingénue. Mais ceux-ci craignant des représailles, n'osèrent pas tenter l'assaut du château et préférèrent tourner l'évènement en dérision.

S'estimant baffouées, les femmes de Rouffach, s'armèrent de fourches, de couteaux de cuisine, de manches à balais.... et telle une meute de louves en furie, attaquèrent la demeure de l'empereur et maîtrisèrent la garnison.

Henri V qui festoyait son repas pascal, surpris par le vacarme et le déferlement féminin dut s'enfuir en toute hâte et oublia sa couronne et son sceptre.

La jeune fille fut délivrée des mains du goujat et les vaillantes épouses redescendirent à la ville en exhibant leur butin royal.

Ce jour-là, elles proclamèrent qu'elles occuperaient le côté droit de l'église en signe de préséance devant les hommes.

Ils ne répliquèrent point.

LE SCHAUENBERG

Le dolmen du Schauenberg : site mégalithique, légendaire, religieux, miraculeux.

Le Schauenberg, par sa situation géographique est en fait un lieu peu élevé vers lequel on peut accéder par la route du village de Pfaffenheim.

Le dolmen se situe juste au-dessus de l'église de Notre-Dame du Schauenberg, à une distance de 100 mètres environ, en prenant un sentier juste derrière la chapelle. On escalade quelques talus — la montée est rude et abrupte à certains endroits — mais ne sommes-nous pas agréablement surpris de nous retrouver sur un plateau de mousse tapissante, agrémenté de sous-bois de hêtres et de résineux ?

Site paisible, fait d'énormes pierres et roches bouleversées par la nature, par un cataclysme géant.

Ne sommes-nous pas confondus par un premier effet devant une interrogation du temps ? Surtout après avoir pris la vibration tellurique des lieux — taux élevé (+ 35) par rapport à certains sites.

N'avons-nous pas devant nous un lieu mégalithique, préhistorique par sa formation rocheuse et son tellurisme puissant ?

Ce dolmen que nous apercevons, si contesté par nos historiens et archéologues, n'est-il pas le témoignage d'un passé religieux ou d'une physique perdue à travers les temps ?

Le dolmen du Schauenberg

Toujours est-il qu'il est bien vivant ce dolmen, par ses énergies intérieures, toujours plus puissantes et dipolarisantes (pour le visiteur qui veut s'y attarder).

Etrange et fascinant monument posé sur deux pierres dressées, recouvert d'une énorme dalle qui forme un entablement, appelé table dolménique, utilisée souvent par un savoir celtique et druidique.

Dédiées au culte solaire qui fut souverain à bien des endroits de la planète pendant des millénaires, ces tables servaient d'orientation astronomique — sachant qu'un tout était relié à un tout.

Tous ces mégalithes, à travers la France et l'Europe, avaient probablement un but commun : « la résonance vibratoire », langage telluro-cosmique.

Le visiteur peut s'y attarder agréablement et se régénérer, sans faire appel à tout un savoir, mais seulement ressentir les effets pour mieux en aiguiser ses sens.

Le pèlerin qui suit tous ces parcours, ces tracés choisis par la nature et les messagers du ciel, vient se recueillir aux sources de lui-même — dans un inconscient et conscient qui est celui d'un plan d'évolution cosmique divin.

Il n'y a pas de pèlerinage sans lieu de résonance parce qu'une physique et une métaphysique s'y rejoignent harmonieusement, alchimie de beauté, pureté, paix. Lieu d'élévation où l'homme est uni par le recueillement et la méditation, la prière. Il peut ainsi accéder à l'énergie suprême, en assistant à sa propre métamorphose (ou mutation).

Tel est le miracle dont Notre-Dame du Schauenberg fut le témoin à maintes reprises durant 500 ans.

Phare d'une spiritualité, petite église accrochée au flanc de la montagne, toute blanche dans son écrin végétal vert, face aux coteaux du vignoble de la plaine de Rouffach.

On ignore la date de naissance de ce haut lieu marial établi à une centaine de mètres de la table dolménique. Rien n'est du au hasard, ce sont ces mêmes lieux, toujours choisis, légendaires ou miraculeux.

Une légende court d'après laquelle, au XVe siècle, les habitants de la plaine auraient vu en flammes l'endroit jadis appelé « Hohbourg ». Ils se seraient écriés : « Schaut am Berg » : (Regardez la montagne) d'où le nom de l'endroit du miracle.

Une autre légende se réfère à un chevalier, de retour de Terre Sainte, qui lui aussi aurait vu des flammes entourant une image de la Vierge, tandis qu'une voix lui disait : « Regarde la montagne ». C'est à cet endroit qu'il aurait fait édifier une chapelle à la Vierge.

Les légendes ont quelque chose de commun : elles reposent sur un certain fond de vérité.

1400, naissance du pèlerinage. Un ermite du nom d'Udalric érigea une petite chapelle dédiée à Saint Ulric, son patron — qui attira de nombreux habitants de la contrée. En 1483, la chapelle fut dédiée à la Vierge. Peu de temps après la fondation de la chapelle eut lieu un miracle. Une comtesse de Hesse, rapporte la brochure du pèlerinage, était atteinte d'un mal inguérissable. Dieu lui apparut et lui ordonna de se rendre à une montagne, dite « Schau am Berg », avec la statue de la Vierge qui se trouvait dans sa chambre. Celle-ci obéit et envoya un messager à la recherche de cet endroit indiqué par Dieu, avec la statue de ses aumônes. Le messager s'acquitta de sa mission, mais quand il voulut ramener la statue de la Vierge, qu'il avait placée dans la chapelle, elle ne bougea pas. La Vierge devait rester à cet endroit, telle était la volonté divine.

La comtesse fut guérie. La nouvelle de ce miracle se répandit et les pèlerins accoururent nombreux.

Etant donné l'affluence, l'évêque de Bâle éleva la chapelle au rang d'une chapellerie qui fut dotée de prés et de vignes dont le revenu devait permettre au chapelain de vivre et d'entretenir l'édifice.

En 1515 la chapelle fut agrandie.

Au XVIIe siècle le pèlerinage fut confié aux Franciscains de Rouffach. La chapelle fut à nouveau agrandie. Ils érigèrent aussi un chemin de croix le long du sentier. Le pèlerinage connut alors une grande expansion jusqu'à la Révolution.

Elle fut remise en état en 1811, date à laquelle on célébra avec éclat la rénovation du Pèlerinage.

La chapelle est avant tout un lieu de recueillement pour le croyant et elle attire souvent l'amateur d'art et l'historien.

L'AXE MAGIQUE

Bande magnétique d'environ 500 mètres de largeur, reliant le Grand-Ballon au Champ du Feu.

— Le Grand-Ballon peut-être considéré comme le pôle positif, le Champ du Feu comme le pôle négatif.

Une interférence magnétique s'est créée entre ces deux puissants pôles magnétiques, d'où la naissance d'un courant cosmo-tellurique bénéfique. Une ligne, presque rectiligne, relie ces deux hauts lieux vibratoires en suivant parfois des éléments naturels du sous-sol (gisements de quartz, faille bénéfique par la mise en contact de deux minéraux compatibles...).

Cette bande magnétique bénéficie d'une Onde de Vie de + 22 au géodynamètre. A quelques très rares exceptions, toute cette zone d'environ 60 km de longueur sur 500 mètres de largeur est très régénérante. On peut s'y promener plusieurs heures sans aucun inconvénient.

Il est extrêmement important de noter que plusieurs failles géologiques traversent cet axe magnétique, sans créer de zones géopathogènes. Le déséquilibre cosmo-tellurique provoqué par cet accident géologique est rééquilibré par la puissance du courant magnétique. En dehors de la bande d'environ 500 mètres, les failles retrouvent leur virulence.

Néanmoins l'Onde de Vie sur ces failles descend à + 8 ou + 10 au géodynamètre.

De même l'Onde de Vie, mesurée dans les habitations traversées par l'axe magnétique, n'atteint qu'environ + 10 au géodynamètre, compte tenu de l'effet de « filtre » occasionné par les matériaux comme le béton armé, les isolations et l'électrification.

Les personnes habituées à être « limitées » par exemple à trois heures de marche, seront positivement étonnées de constater qu'elles franchissent allègrement ce cap et même arrivent à le repousser au-delà de quatre heures.

LE GRAND BALLON : MONTAGNE MAGIQUE

Avec ses 1.424 mètres, le Grand Ballon offre une vue sublime et inoubliable sur les Vosges, la plaine d'Alsace, la Forêt Noire, le Jura et les lointaines cimes des Alpes.

Sur le plan géologique, le belvédère est formé de Grauwacke, constitué de matériaux détritiques remaniés, d'origine marine. Il s'agit de grès quartzofeldspathiques grossiers renfermant souvent de fines projections volcaniques. Le point culminant des Vosges porte aussi le nom de Belchen.

Il semblerait que l'origine de ce nom soit Belen. Le dieu du jour et du soleil des Celtes.

Ce n'est sûrement pas par hasard si ce haut lieu vibratoire, qui a tous les atouts pour être considéré comme une montagne magique, a été élu par nos ancêtres pour vénérer leur divinité solaire.

Souvent, quand les vallées environnantes sont plongées dans la grisaille, majestueusement le Grand Ballon émerge d'une immense mer de nuages, le sommet baigné par un soleil éblouissant. Une prédisposition au culte solaire.

Le promeneur émerveillé par les anémones ou les arnicas qui parsèment les chaumes du Grand Ballon risque, certains soirs, de se trouver en présence de curieux personnages qui arpentent le sommet.

En effet, selon la légende, les âmes des géomètres malhonnêtes qui ont spolié les propriétaires en déplaçant indûment les pierres bornales, sont condamnés à arpenter les étendues du Grand Ballon en attendant d'être délivrés de leur triste sort par les propriétaires lésés qui leur pardonneront leurs méfaits.

Mais certains d'entre eux, trouvant le temps trop long, pour se venger de leur malheur, s'évertuent quelquefois à égarer les touristes qui s'aventurent en ces lieux. Alors prudence !

L'axe magnétique prend naissance entre le sommet du Grand Ballon et celui du Storkenkopf qui est le second sommet vosgien (encore une coïncidence).

Il traverse le lac du Ballon et continue entre le Langelfeld et le Hilsenfirst dont les versants, traversés par l'axe magnétique, semblent avoir déjà été habités il y a quelques milliers d'années. La bande magnétique traverse le charmant village Muhlbach de la vallée de Munster pour arriver au Lac Blanc dominé par le rocher du Château de Hans.

Le nom du Lac Blanc est dû aux grains clairs quartzeux et graniteux qui recouvrent le fond du lac et donnent aux eaux un reflet d'une blancheur lumineuse.

Ce lieu de détente et de régénération, dans un magnifique cadre de forêts et de rochers abrupts invite le promeneur à oublier les tracas quotidiens et à « s'intégrer » à ce décor féerique.

Au sud, le lac est dominé par l'impressionnant rocher du « Château de Hans », lui aussi favorisé par les bienfaits de l'axe magique.

Il y a très longtemps, s'élevait sur cette aiguille rocheuse, la demeure d'un seigneur tristement réputé pour ses orgies et ses blasphèmes. Il ne craignait ni Dieu, ni le diable.

Un jour, avant les fêtes de Pâques, l'infâme sire festoyait avec quelques convives aussi dépravés que lui.

Sa douce et pieuse épouse, revenant de la chapelle, les trouvant ainsi attablés à faire ripaille et beuverie, fut profondément outrée. Elle pria son indigne époux de renvoyer ses amis et de respecter le Vendredi Saint. Celui-ci, titubant d'ivresse, se fâcha et vociféra d'odieuses insanités.

Un grand silence figea l'assistance et un frisson d'effroi parcourut les mécréants. Un sourd grondement monta des entrailles de la terre et un tremblement secoua le rocher. La foudre s'abattit sur le château et dans un tonnerre assourdissant les dépravés convives et leur hôte furent précipités dans les eaux du lac qui aussitôt devinrent couleur d'encre.

Pendant longtemps le soleil n'illumina plus le lac et on pouvait entendre pendant le Carême les gémissements des âmes tourmentées qui s'élevaient des eaux noires et sans vie.

Bien plus tard, un matin de Pâques, une colombe immaculée voleta au-dessus du lac et bientôt des eaux sombres s'élevèrent des poissons ailés qui suivirent la colombe dans son sillage et disparurent dans les nuages.

L'heure du pardon avait sonné.

Depuis lors, les eaux du lac redevinrent blanches et lumineuses et le soleil se remit à briller.

L'axe magique traverse la forêt des Deux Lacs, le flanc ouest de la Tête des Faux dont le sommet fut l'enjeu de violents combats pendant la guerre de 1914-18, pour descendre sur le Bonhomme. La faible altitude du col du Bonhome, situé à quelques kilomètres au-dessus du village, permettait, depuis les temps préhistoriques, un passage pour les relations est-ouest.

Connu des Celtes, puis des Romains, enfin des ermites venus d'ouest, le village du Bonhomme aurait été fondé par saint Déodat, évêque de Nevers. Contemporain de Dagobert, il aurait vécu vers les années 600. Selon la légende, il se serait retiré auprès d'un charbonnier et aurait été pour les habitants de la contrée l'Homme-Bon (d'où Bonhomme).

De par sa situation au pied du col, le Bonhomme fut au Moyen-Age un lieu de passage, d'échange entre l'Alsace et la Lorraine par où passaient les chargements de vin dans un sens et de sel dans l'autre.

C'est en 1317 que le château qui domine le Bonhomme est cité la première fois sous la dénomination de Gutembourg.

La bande bénéfique passe à l'ouest de ce château en l'irradiant de ses effets positifs.

Des murs et une tour demi-ronde du XIII-XIVe siècle subsistent encore et l'on pourra admirer un fossé taillé dans le roc.

Longeant la petite rivière, la Lièpvrette, l'axe régénérateur traverse le hameau d'Echery au nord-ouest de Sainte-Marie-aux-Mines et continue vers Steige.

Au IXe siècle, une communauté religieuse bénédictine s'installa au fond de la vallée de Sainte-Marie-aux-Mines. Elle fut sans doute créée par des ermites, Guillaume et Achéric, attirés par la bénéfique Onde de Vie du lieu. C'est le roi Lothaire II qui confirma en 859 la communauté.

Plus tard au Xe siècle, Blidulphe, archidiacre de Metz, agrandit cette communauté qui devint Echery.

Il ne subsiste plus aucun vestige du couvent. La vallée est surtout connue pour ses mines d'argent.

Leur exploitation fut commencée par les moines du couvent d'Echery.

La région de Sainte-Marie-aux-Mines est truffée de galeries. Environ deux cents anciennes mines ont été dénombrées.

Certaines galeries, creusées depuis des siècles, ont dû s'écrouler, provoquant ainsi des poches d'air putréfié dégageant des ondes nocives.

Ce phénomène de galeries écroulées et d'air décomposé, peut aussi s'observer dans les mines de potasses aux environs de Mulhouse. Comme dans les environs de Sainte-Marie-aux-Mines, certaines habitations sont extrêmement perturbées et deviennent parfois de véritables maisons de « malheur ».

Dans de telles maisons, des familles entières souffrent parfois de maux que nul médecin ne peut comprendre, ni guérir.

Il est donc vivement conseillé aux habitants du secteur de Sainte-Marie-aux-Mines, d'effectuer régulièrement des promenades régénératrices dans les lieux baignés par les ondes bénéfiques de l'axe magnétique.

Quittant la vallée de la Liepvrette, celui-ci rejoint le val de Villé en passant par le centre d'Urbeis et le château de Bilstein qui fut construit au XIIIe siècle, et fit partie de la seigneurie du val de Villé, propriété des Habsbourg d'Autriche.

Il ne subsiste plus que les restes du donjon carré dans la partie haute du logis avec fenêtres et cheminée et dans celle du bas, quelques pans de murs de l'enceinte occidentale.

La mine fut démantelée en 1789 et les pierres employées à la construction de l'église d'Urbeis. Steige se situe exactement dans l'axe bénéfique.

Ce village est surtout connu des géologues pour les « Schistes de Steige » que l'on peut apercevoir à la sortie ouest de la commune. Cette roche sédimentaire typique du début du Primaire se présente sous forme de lamelles de couleur rouge violacé, parfois tachetées de flammes verdâtres.

Le Champ du Feu, aboutissement final de l'axe magique, est un centre de rayonnement très puissant, dont l'intensité est due à la conjugaison de l'axe magique et du triangle sacré qui relie Donon, Mont Sainte-Odile, Champ du Feu.

Nous étudierons ce triangle sacré dans la partie concernant l'Alsace du centre. Sur le plan géologique, le Champ du Feu est constitué de granit qui se présente sous différentes formes suivant la situation géographique précise.

Un des plus typiques est celui qui s'étend en une bande orientée sud-ouest - nord-est. C'est une roche à grain fin, d'aspect saccharoïde, beige, grise ou rose, de composition classique avec mica noir, âgée de 325 millions d'années.

L'Onde de Vie de ce haut lieu vibratoire dépasse + 29 au géodynamètre.

Les promenades au Champ du Feu, pour être bénéfiques, ne doivent pas dépasser deux heures.

Troisième partie

LIEUX MAGIQUES ET SACRÉS DU CENTRE DE L'ALSACE ET DES VOSGES

— Pour présenter les Lieux Magiques et Sacrés du Centre de l'Alsace, nous commencerons notre périple par le côté ouest en partant du « Menhir » Kerlinkin et la Forêt de Frossard.

— Ensuite nous remonterons vers le Donon en passant par le Bois de la Burre près de Saint-Dié.

— Nous redescendrons par le côté est, Mont Sainte-Odile, en traversant le massif du Taennchel pour atteindre les Trois-Epis.

— La présentation des Lieux Magiques et Sacrés du Centre de l'Alsace se termine par l'étude du Triangle Sacré.

LE « MENHIR » KERLINKIN
LA FORÊT DE FROSSARD

A l'ouest de Remiremont, la Forêt de Frossard peuplée de légendes, abrite un hôte insolite : le « menhir » de Kerlinkin.

Mais l'intérêt de cette forêt n'est pas son hôte, mais son Onde de Vie qui en fait un lieu d'excursion très revigorant.

Mesurée au géodynamètre, la « vitalité » moyenne de la Forêt de Frossard s'élève à + 19.

LIEUX MAGIQUES ET SACRÉS
« ALSACE-VOSGES »
CENTRE

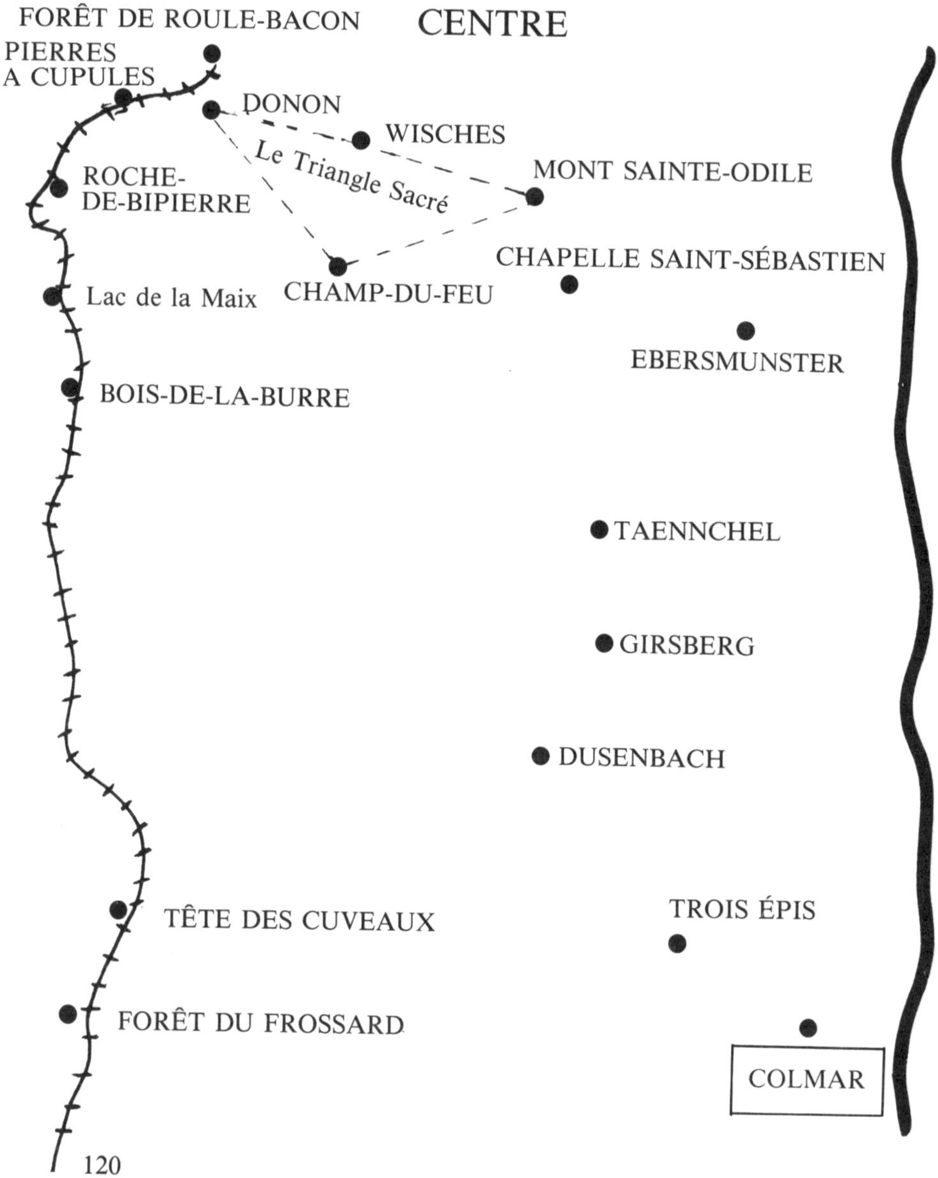

Ce haut lieu vibratoire mérite d'être exploré pour ses sites régénérants et peut-être livrera-t-il au promeneur, en quête de fantastique, la clé de ses mystères.

L'histoire de cette contrée est liée à une montagne située au sud de la Forêt de Frossard, le Saint-Mont. Les Romains y avaient installé une enceinte fortifiée qui permettait de surveiller l'embranchement des deux vallées. C'est sur ce même sommet que Romary, puissant seigneur de la cour d'Austrasie, aidé d'Amé, moine de l'abbaye de Saint-Maurice en Suisse, disciple de Colomban, fonda en l'an 620 un monastère.

Un chemin forestier quitte le village de Saint-Etienne, situé à l'est de Remiremont et monte vers la chapelle Sainte-Sabine. Sur le trajet subsiste l'ancien ermitage Saint-Arnould, évêque de Metz qui choisit la solitude au milieu de la forêt aux alentours de l'an 600.

Non loin de l'ermitage se dresse, provoquant, le « menhir » de Kerlinkin.

Cet énorme rocher de grès rouge, du haut de ses 5 mètres, semble narguer le promeneur qui se pose des questions sur le rôle qu'il a joué au cours des âges.

Plusieurs hypothèses avancées par les chercheurs s'affrontent :

— C'est une pierre qui a servi à un culte ancien !

Cet avis semble peu probable ;

— C'est un menhir !

Cette supposition doit être rejetée dans la mesure où cette roche ne « travaille » pas.

Le rôle d'un menhir est de canaliser les forces telluriques.

Pour savoir si un « menhir » est un vrai menhir, la radiesthologie et la radiesthésie sont de précieux conseillers qui permettent de capter l'activité d'une telle pierre.

Quand un menhir « travaille », le pendule détecte une polarité positive (giration dans le sens des aiguilles d'une montre, selon la convention mentale) aux alentours de la pierre, dans un rayon pouvant s'étendre sur plusieurs mètres. Dans ce cas, le sommet du menhir émet une polarité négative qui fait tourner le pendule dans le sens inverse des aiguilles d'une montre. L'intensité de ces radiations peut être « reconnue » selon la vitesse des girations ou leur puissance mais la méthode la plus précise est de la mesurer avec la graduation du géodynamètre.

Le « menhir » de Kerlinkin n'émet aucune onde ni vibration. Il doit donc être considéré comme un simple monument.

Par contre, un curieux phénomène déroute le chercheur qui s'évertue à capter une radiation. Toute la Forêt de Frossard bénéficie d'une Onde de Vie harmonieuse et relativement élevée. Pourtant, les abords immédiats de la pierre sont nettement moins puissants, presques nocifs à certains endroits.

Ce sont sûrement des cavités dans le sol qui sont responsables de cette baisse de l'Onde de Vie. Il est donc déconseillé de séjourner à proximité du monument.

Néanmoins les amateurs d'expériences pourront « tester » leur réceptivité et effectuer une comparaison avec l'authentique menhir de la Forêt de Soultzmatt.

Plus loin, à la lisière du bois, se trouvent la fontaine et la chapelle Sainte-Sabine dont les lieux sont pourvus d'une Onde de Vie de + 27 au géodynamètre.

Cette chapelle du XVIIIe siècle a été reconstruite sur les ruines d'un édifice plus ancien. La légende affirme que la chapelle initiale avait été érigée en mémoire d'une Grâce Divine.

Lors de l'invasion des Hongrois entre 910 et 917, une religieuse, jeune et belle, du monastère de femmes qui se dressait sur le Saint-Mont, avait été enlevée par les soldats. A cheval, les pillards l'emmenèrent dans la forêt avoisinante. Exas-

La forêt de Frossard
Le « menhir » Kerlinkin

péré par les hurlements de la sainte fille, un soldat allait la frapper de son épée. L'arme ne retomba pas sur la victime, mais resta suspendue dans les airs, comme retenue par une main invisible.

Effrayés par ce signe du Ciel, les rustres prirent la fuite à travers bois en abandonnant la pauvre religieuse.

Celle-ci, en reconnaissance, fit construire une petite chapelle à l'emplacement où eut lieu le miracle.

A quelques kilomètres au nord de la chapelle Sainte-Sabine, au-dessus de l'ancienne colonie de Purifaing, on peut découvrir un « dolmen » que certains « spécialistes » considèrent comme le seul dolmen authentique des Vosges.

Nous avons étudié, testé et mesuré les plus importants vestiges mégalithiques de la planète dont, en Bretagne, « la Table des Marchands » qui est un des plus beaux et puissants dolmens. Pourtant nous n'avons détecté aucune activité, aucun rayonnement émanant de ce « dolmen ». Il faut en conclure que ces pierres, disposées en forme de grotte, ont tout simplement servi d'abris à d'antiques habitants, attirés par cette contrée revitalisante.

Les « pendulants » et les sensitifs constateront qu'effectivement il ne se « passe » rien en séjournant sur ces pierres, alors qu'au dolmen du Schauenberg les radiations sont très perceptibles.

En contrebas de ce « dolmen » se situe l'ancienne colonie de vacances du Purifaing. Il est regrettable que ce centre de séjour soit désaffecté car les vibrations cosmo-telluriques y sont très bonnes.

De nombreux enfants, citadins, cloisonnés toute l'année dans leur « cage de Faraday » de béton armé, empoisonnés par le plomb des gaz d'échappement et carencés par une alimentation déséquilibrée, pourraient se régénérer et se revitaliser au contact de la nature en ces lieux exempts de toute pollution. Dans ce superbe cadre de verdure offrant d'innombrables possibilités de promenades, des enfants auraient la possibilité de s'ébattre et de se dépenser pour le plus grand bien de leur équilibre physique et psychique.

Du Purifaing, un chemin conduit à la fontaine Saint-Augustin, près de l'ancienne ferme du Malpoirier transformée en refuge. Dans un sympathique décor champêtre, où coule inlassablement l'eau de la petite fontaine, des mains prévenantes ont construit tables et bancs à l'intention des randonneurs désireux de se reposer et de se restaurer. Le site est tellement enchanteur que l'on est persuadé que des elfes ou des lutins de la forêt vont surgir pour dresser la table. Ces petits êtres de la forêt se cachent peut-être à quelques pas au-dessus de la fontaine, dans les étranges blocs de grès rose.

Certaines de ces roches, aux formes cyclopéennes, possèdent une Onde de Vie de + 27 au géodynamètre, onde qui se propage jusqu'à la fontaine Saint-Augustin. L'exposition sur ces points d'énergie ne doit pas dépasser 10 minutes, alors que les alentours immédiats de la fontaine permettent un séjour de plusieurs heures.

Après s'être désaltéré, restauré et rechargé en énergies vitales dans ce petit paradis terrestre, le randonneur pourra se diriger vers la Tête des Cuveaux où l'attendent d'énigmatiques rochers à cupules.

L'ÉNIGME DE LA TÊTE DES CUVEAUX

A l'est de l'ancien village de pêcheurs d'Eloyes, le mont de la Tête des Cuveaux, du haut de ses 783 mètres offre une très belle vue et suscite de nombreuses questions.

D'énigmatiques blocs de grès superposés sur une hauteur de 10 mètres forment des couloirs qui divisent le sommet en trois parties.

LA TÊTE DES CUVEAUX

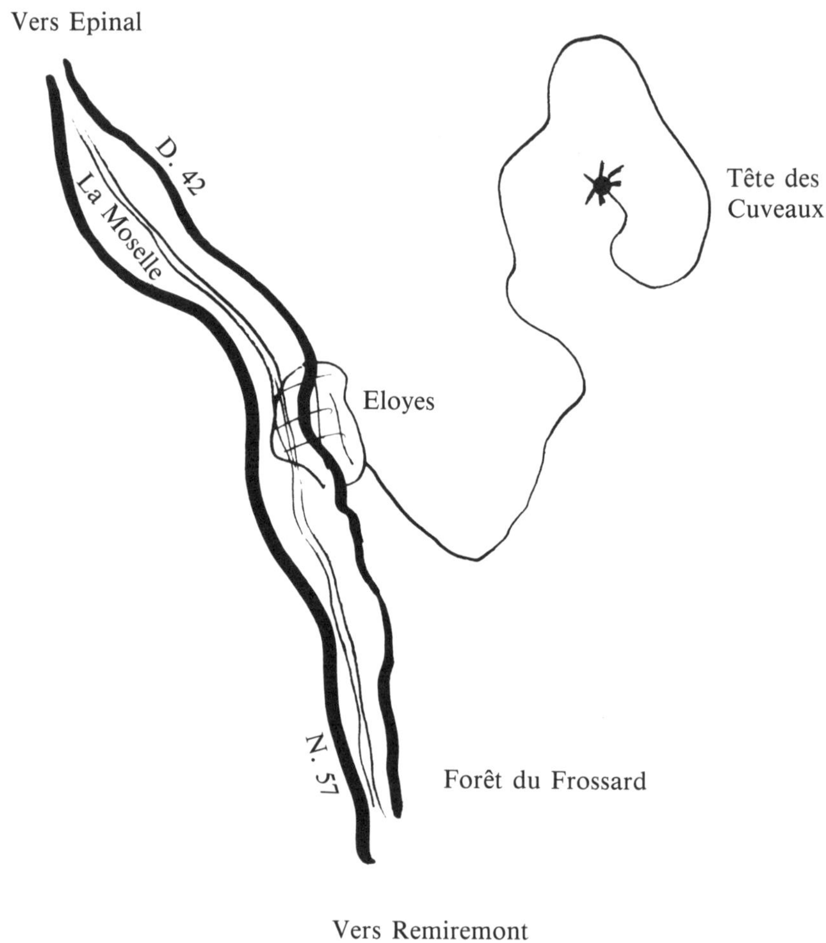

Sur leur partie supérieure, des cavités creusées dans le grès, appelées cuveaux, mesurent environ 70 cm de diamètre.

Ces rochers à cupules dégagent une Onde de Vie de + 33 au géodynamètre.

Cette puissante vibration nous autorise à penser que ce lieu était connu depuis des millénaires par d'autres civilisations.

Il existe dans les Vosges de nombreux rochers à cuveaux et généralement ces cupules sont dues à l'érosion, par l'eau qui a creusé le grès. Mais très rares sont les roches creusées de vasques qui bénéficient d'une vibration aussi puissante.

Ces roches ont pu être destinées à diverses fonctions. Selon les peuplades ou les civilisations, leurs cuvettes ont tout simplement pu servir à recueillir de l'eau pour leurs besoins.

Mais nous penchons plutôt vers d'autres explications.

La situation et la vibration de ces roches en font un lieu prédestiné pour un culte solaire et ces vasques, naturelles ou creusées par la main de l'homme, ont probablement été des bassins de purification pour des rites solaires.

L'atmosphère qui se dégage de ce lieu rappelle celle de Grannus où se pratiquait la thérapeutique du sommeil. C'est l'actuel Grand, près de Neufchâteau, avec lequel nous ferons connaissance en fin de cet ouvrage.

En effet, une certaine somnolence s'empare des êtres sensibles et réceptifs qui s'exposent trop longtemps aux puissantes radiations cosmo-telluriques qui émanent de ces roches.

En séjournant sur les pierres à cuveaux, les personnes stressées, tendues, crispées, qui appliquent les méthodes que nous expliquons dans le dernier chapitre du livre, constateront qu'une profonde détente s'opère au fond de leur être en les plongeant dans une torpeur bienfaisante.

Sur un plan plus subtil, ces cupules circulaires ont très bien pu, par leur forme, s'avérer être une centrale d'énergies, c'est-à-dire une « batterie » qui emmagasinait certaines énergies cosmo-telluriques, qui ensuite étaient utilisées à des desseins inconcevables pour notre actuelle civilisation.

Non loin de ces roches à cuveaux existent d'autres petites roches, creusées elles aussi de cupules. Elles ont reçu le nom de « pierres à culte solaire » mais leur vibration n'a aucun rapport avec les roches que nous venons de citer.

Dans les proches environs, le promeneur découvre le sommet boisé des Champs Dolents où, sur ses magnifiques rochers, au IXe siècle, l'empereur Louis le Pieux pleura selon la légende, l'ingratitude de ses trois fils.

LE CAMP CELTIQUE DE LA BURRE

Il n'est permis à nul Alsacien d'ignorer les richesses historiques et archéologiques du bois de la Burre situé sur les hauteurs au nord de Saint-Dié.

Un camp celtique pourvu d'une Onde de Vie de + 22 au géodynamètre a été occupé environ un siècle avant notre ère jusqu'au IVe siècle après J.-C. Il livre, au fil des fouilles, ses importantes richesses archéologiques et nous donne un aperçu complet de la vie des Celtes.

Un chemin forestier quitte Marzelay et mène jusqu'au parking du col de Grenée où sont installés tables, abris, barbecue géant... Du col, plusieurs chemins conduisent au camp celtique. Le plus direct est en pente raide et convient particulièrement aux personnes désireuses d'allier « découverte, régénération » à « élimination des toxines ». Avant d'arriver au camp, sur la droite, un point de vue sur des rochers offre une très belle observation de la vallée de la Hure. Dans un cadre magnifique de pins et de grès rose, le sentier chemine vers les merveilles historiques et plonge le promeneur dans une ambiance de mystère.

Le camp de la Burre

LE CAMP CELTIQUE
DE LA BURRE

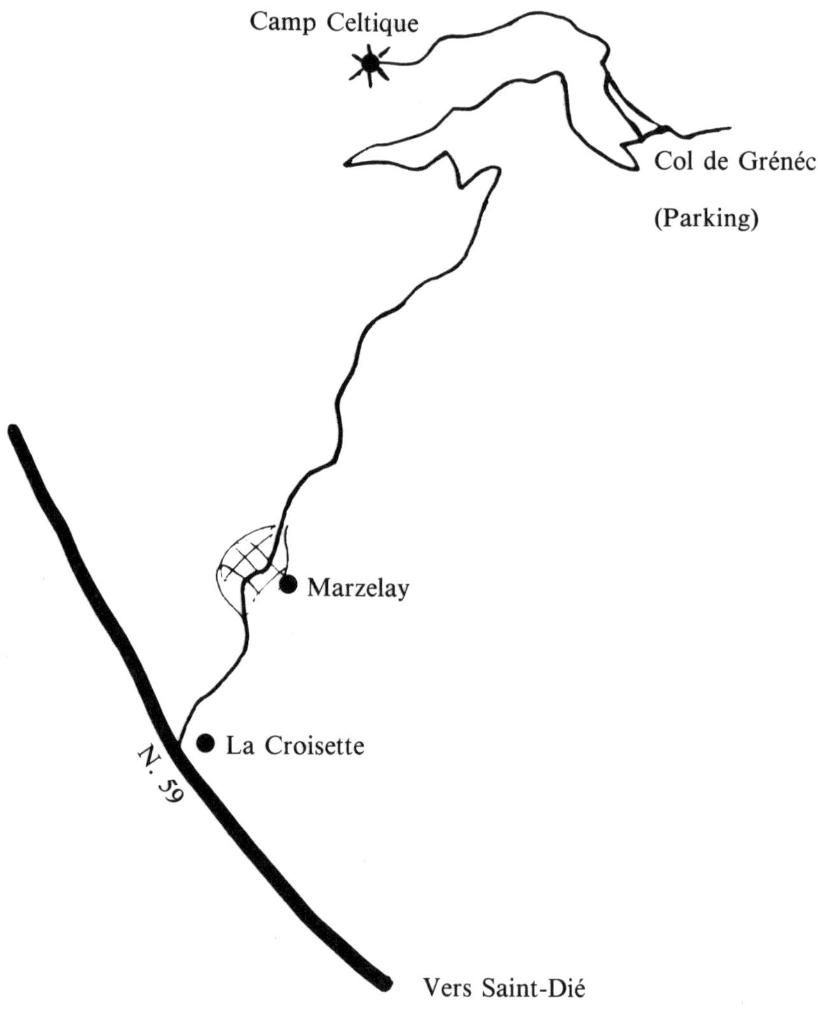

Le camp celtique de la Burre, situé à 582 mètres d'altitude, était protégé par d'imposants remparts que l'on découvre en y pénétrant par l'extrémité sud.

Il mesure 340 mètres de longueur sur 110 mètres de largeur. Des terrasses périphériques permettent une vue fantastique sur tous les environs.

Les points importants sont les remparts, la citerne et le fossé taillé de main d'homme dans la roche gréseuse vers 110 avant J.-C. pour isoler le camp du reste de la montagne. Il fut comblé au fil des ans par l'éboulement de la muraille élevée originellement au sommet du talus (Agger).

La longueur de ce fossé est de 43 mètres. Il mesure 3 à 5 mètres de largeur sur une profondeur de 1,5 à 3 mètres.

Les fouilles ont été entreprises à partir de 1964.

Ce sont des prélèvements de vase qui ont permis de reconstituer l'évolution du paysage du site depuis l'abandon du camp jusqu'aux temps modernes.

Des monuments et du matériel gaulois et gallo-romains ont été exhumés des remparts et du camp. Ils sont actuellement conservés au musée lapidaire de Saint-Dié où les amateurs d'archéologie pourront les admirer.

Des copies des stèles de réemploi découvertes sur les remparts peuvent être vues au camp.

Ces stèles funéraires en grès rose du IIe siècle, avec des sculptures d'art naïf mesurent plus de 1,50 mètre de hauteur et pèsent environ une tonne.

L'une d'elles représente un couple séparé par une torche, une autre le monstre cheval-poisson, Psychopompe qui, dans la mythologie gauloise, était destiné à assurer le grand voyage de l'âme des morts dans l'au-delà.

Plusieurs milliers de projectiles, des galets provenant de la Meurthe, figurent parmi le matériel découvert ainsi que de la monnaie gauloise, des annelets, des fragments de sculptures, des céramiques gauloises, un fragment de meule à grain, des outils, des statuettes...

Le camp celtique de la Burre a la particularité de posséder le seul mur gaulois visible en Alsace et Lorraine. C'est le Murus Galicus construit vers 110 avant J.-C.

Ce mur, composé de pierres sèches, était maintenu par un quadrillage de poutres en chêne, tenu à l'aide de broches de fer. Il mesurait initialement 5 mètres de hauteur. Sa hauteur actuelle est d'environ 3 mètres.

A la poterne nord on peut voir un abri de vigile (ou une niche à chien) et la marche usée par les femmes du camp qui allaient chercher de l'eau à la source qui alimente aujourd'hui le hameau de Villé.

A l'intérieur du camp, à l'endroit où les fouilles sont actuellement en cours, il y a « le bassin rustique », un bassin taillé dans la roche et dont curieusement un des angles tracés n'a pas été évidé.

Non loin de ce bassin un autre bassin, plus petit, le « Fanum de Taranis Jupiter », unique en son genre. Il semblerait qu'à l'origine, ce bassin ait été un point d'eau profane. Un autre bassin, celui des déesses-mères Diane, n'a pas subi de transformation par les Romains, ce qui prouverait la survie des habitudes gauloises.

Il subsiste près des bassins un fond de cabane des III-IVe siècles qui devait être recouverte de chaume.

Subsistent aussi des traces d'exploitation et d'extraction du fer.

En se plaçant sur la terrasse périphérique située au sud du camp, on peut voir au loin la vallée du Taintrix.

A l'ouest du camp, on aperçoit les « deux Jumeaux » qui sont deux montagnes d'une altitude de 569 et 526 mètres. Ce sont d'anciens volcans dont la forme conique est due à l'érosion curieuse des grès qui les composent.

Un peu plus au nord se dresse la mystérieuse Pierre d'Appel que nous étudierons plus loin.

Il est évident que cette colline a été choisie par les Celtes pour des raisons stratégiques, pourtant, l'Onde de Vie de + 22 qui irradie presque tout le mont et totalement le camp celtique, soulève bien des questions. Géologiquement, des gisements de fer ont été découverts au pied nord du camp et à l'ouest.

Il est fort probable que ces gisements de fer jouent le rôle d'aimant et d'amplificateur des rayonnements cosmo-telluriques et qu'il en résulte une Onde de Vie bénéfique pour tout le camp.

Mais cette hypothèse est valable pour les ondes bénéfiques comme pour les ondes nocives.

Donc, vu l'Onde de Vie très positive du camp, deux éventualités se présentent :

— ou le terrain était sain à l'origine et l'Onde de Vie de + 22 a toujours eu la même puissance ;

— ou le terrain présentait des anomalies cosmo-telluriques qui ont été corrigées par les Celtes par une sorte d'acupuncture, mais nous n'avons trouvé aucune trace de cette thérapeutique du sol.

Dans ce camp, les Celtes avaient réuni tous les éléments pour mener une vie tranquille en se consacrant à la culture, à l'élevage et à l'extraction du fer.

Le camp fut détruit en 353 par une invasion alamanique.

Contrairement à la vie et à la culture romaines, l'univers des Celtes est resté mystérieux.

Leur enseignement était oral, aussi de ce monde inconnu ne subsistent que des légendes populaires et héroïques d'abord transmises oralement, puis fixées par écrit en Irlande à la fin du premier millénaire de notre ère.

Les Celtes peuplaient l'Europe à l'époque préromaine. Ils ont toujours été qualifiés de barbares dans les manuels d'histoire. Sûrement en considération de leur aspect physique que des historiens nous ont décrit. Les esprits ont été marqués par leur aspect terrifiant, leurs voix rudes et caverneuses, leur haute taille et leurs cheveux blonds hirsutes.

Pourtant, d'après les fouilles archéologiques, il semblerait que les Celtes aient pris grand soin de leur personne et de leur apparence. Ils se teignaient le corps en bleu, ce qui les rendaient encore plus terrifiants au combat. Paradoxalement, d'après les observateurs romains, ces « barbares » connaissaient une vie spirituelle intense, marquée par des apparitions, des cultes, une symbolique sacrée. Pour les Celtes, les esprits étaient partout, dans les arbres, dans les sources, dans les rochers aux formes bizarres. Ils connaissaient toutes les subtilités cosmo-telluriques, comme le prouve le choix des emplacements de leurs camps.

Les Celtes vivaient en étroite harmonie avec la nature et le sacré.

L'OPPIDUM DE LA PIERRE D'APPEL

A quelques lieues au nord du camp celtique de la Burre, un gigantesque éperon de grès surplombe la plaine de Moyenmoutier surtout connue pour son abbaye.

Cinq plates-formes superposées, d'une hauteur de soixante mètres, composées de blocs de grès de plusieurs mètres de hauteur, séparés par des couloirs, forment la mystérieuse « Pierre d'Appel ». C'est à son sommet, sur un plateau, que les Romains succédèrent aux Celtes.

Si le camp de la Burre a passionné bien plus d'un archéologue amateur, l'oppidum de la Pierre d'Appel est le lieu de prédilection des radiesthésistes, des pendulants et des « chercheurs d'ondes ».

On accède à cet éperon mystérieux, soit par Raon-l'Etape qui se situe au nord-ouest de la Pierre d'Appel, ou par Etival-Clairefontaine qui est au sud. Un chemin forestier, partiellement carrossable mais interdit d'accès aux véhicules de tourisme, contourne le plateau perché à 492 mètres et conduit à l'oppidum dans lequel des fouilles ont été effectuées.

Pour parvenir à la Pierre d'Appel il faut traverser le camp et se diriger vers le plateau supérieur.

C'est à partir de l'oppidum que le pendule commence à s'affoler.

Il ne s'agit pas uniquement de variations de l'Onde de Vie mais des inversions de polarités.

A un certain moment la polarité est positive puis quelques pas plus loin elle est négative (!). L'Onde de Vie de l'oppidum est positive et mesure + 18 au géodynamètre.

Avant d'arriver à la Pierre d'Appel on franchit un vague mur de pierres de formation à peine décelable, doublé d'un puissant mur invisible émettant une onde négative.

Ce qui fait penser que l'accès de la « Pierre » était « protégé » par une sorte de « laser » des temps préhistoriques.

Toute la plate-forme, mi-naturelle, mi-construite par la main de l'homme, possède une polarité négative où l'Onde de Vie s'affaisse à – 18.

La plate-forme mène à une première roche qui précède la Pierre d'Appel, où, miracle, la polarité s'inverse totalement et l'Onde de Vie grimpe allègrement à + 18.

Un petit pont de bois relie cette roche à la Pierre d'Appel qui, stupeur, atteste une polarité négative de – 18 au géodynamètre.

Nous sommes en présence d'une alchimie cosmo-tellurique et d'une canalisation d'ondes très spectaculaire qui passionnera les « initiés » du pendule.

Cette « Pierre », sûrement considérée comme un simple observatoire par les Romains est un véritable menhir à l'état naturel, puisque au pied de « l'observatoire », à quelques mètres en dessous et sous la roche, la polarité est neutre, c'est-à-dire que l'Onde de Vie indique 0. Aux alentours, l'Onde de Vie indique + 18.

Il est fort probable que les veilleurs romains, compte tenu de la puissante polarité négative, avaient de sérieuses difficultés à rester en place, ou éveillés, sur cette roche à « pouvoirs ».

Les amateurs d'expériences pourront se fabriquer un pendule de fortune avec un bout de fil et une bague, une alliance ou une perle et constateront que la giration du pendule s'inverse chaque fois qu'ils franchissent le pont. L'Onde de Vie passe de – 18 à + 18, sans nuance ou progression. Bien sûr, il est conseillé de s'exposer le moins longtemps possible sur le pôle négatif du poste d'observation et de lui préférer le pôle positif du rocher précédent. Ce rocher, dominant la plaine, est le lieu idéal pour appliquer la méthode de recharge d'énergies « trait d'union » que nous portons à la connaissance des lecteurs en fin de l'ouvrage.

C'est un point où, réellement, l'homme prend conscience de son rôle de trait d'union entre les forces cosmiques et les forces telluriques.

Pour les êtres initiés à lévitation, ce lieu, entouré de mystère et de légendes, faisait office de centre d'énergies anti-gravitation pour franchir le seuil d'une autre dimension.

Pierre d'Appel vers d'autres sphères ou Pierre du Grand Voyage.

Nous laissons le soin aux « explorateurs » de découvrir les roches insolites, les pierres levées, les roches à cupules qui environnent la Pierre d'Appel.

La pierre d'Appel

Il y a très longtemps, bien avant les Celtes, un peuple étrange occupait le plateau de la Pierre du Grand Voyage.

Ni hommes, ni femmes, peut-être anges, ces êtres vêtus de lumière semblaient tellement légers qu'ils paraissaient ne pas toucher le sol en se déplaçant.

Ils se nourrissaient d'air et de soleil. Que faisaient-ils ? Pourquoi vivaient-ils ? On l'ignore. Pourtant, quand le peuple de la Pierre du Grand Voyage était sur le plateau, à plusieurs lieues à la ronde, la vie prenait un autre aspect et devenait plus positive, plus créative.

Personne ne les a jamais entendu parler. Ils communiquaient entre eux par le sourire de leur visage empreint de sérénité.

Une éternelle musique enveloppait le plateau et leurs grâcieux mouvements ressemblaient à un ballet continuel.

Vivaient-ils ici depuis des siècles ? Ou depuis des siècles d'éternité ?

Nul ne le sut jamais.

On raconte que parfois ils se mettaient en cercle sur la Pierre du Grand Voyage et disparaissaient dans une nuée de lumière.

Parfois, pendant très longtemps on ne les voyait plus sur le plateau et dans les environs. La vie semblait « pâlir ».

Puis ils revenaient à nouveau dans une immense allégresse de musique.

Cela fait plusieurs milliers d'années qu'on n'a pas eu le bonheur de les revoir sur le plateau.

Pourquoi tardent-ils donc tant ?

Ne serions-nous pas encore « prêts » à les recevoir ?

LE LAC DE LA MAIX : CENTRE DE PLÉNITUDE ET D'HARMONIE

Jadis, selon la légende, une grande prairie verdoyante s'étendait à l'emplacement du lac de la Maix et une petite chapelle s'élevait à la lisière de la forêt.

Les pèlerins venaient nombreux à la messe du dimanche que célébrait un ermite.

Après l'office, ils se restauraient et passaient une paisible journée au milieu des grands sapins. Ils ne rentraient chez eux qu'à la tombée de la nuit.

Par un magnifique dimanche matin ensoleillé, un étranger s'installa au milieu du pré avec un violon et joua inlassablement de son instrument. Les pèlerins qui arrivèrent pour l'office, attirés par la musique, se dirigèrent vers l'artiste. Bientôt, charmés par les airs entraînants, des couples tournèrent et virevoltèrent au son de l'instrument.

L'ermite sonna l'heure de la messe.

La ronde continua.

Les cloches de la chapelle disaient :

« Venez, c'est l'heure de la prière ».

Le violon répondait allègrement :

« Amusez-vous, la vie est si courte ».

L'ermite, délaissé, commença l'office tout seul et adressa une supplique au Ciel. Brusquement, le ciel s'assombrit, des éclairs strièrent l'horizon et le tonnerre gronda violemment. La panique fit place aux chants joyeux des pèlerins sacrilèges. La terre trembla et le sol s'entrouvrit, libérant un immense jet d'eau qui engloutit musicien et joyeux drilles et donna le lac d'aujourd'hui.

On dit que la couleur verte du lac provient du pré verdoyant qui sommeille au fond de l'eau. On raconte aussi que depuis

LE LAC DE LA MAIX

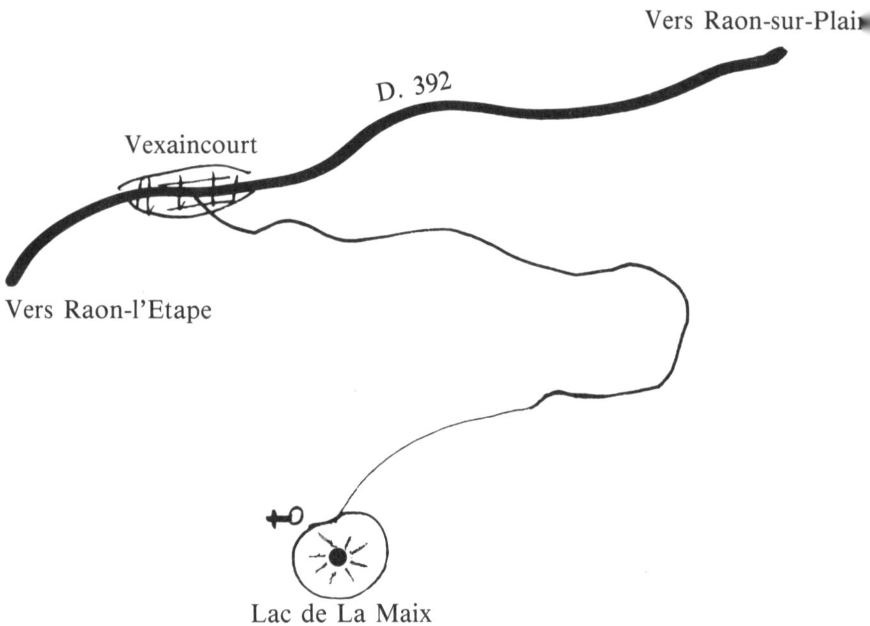

Lac de la Maix

ce jour, chaque année, à la même époque, on peut entendre la mélodie plaintive d'un violon, venant du fond des eaux.

Cette légende, retraçant l'origine du lac de la Maix, semble très proche de la réalité quand on contemple les nuances de vert et la transparence irréelle et féerique du lac.

Pourtant les verts nénuphars et les grâcieuses libellules paraissent être les discrets détenteurs d'un mystérieux secret.

Le lac de la Maix est situé dans la forêt des Bois Sauvages, à l'est de Vexaincourt, dans le département des Vosges.

Une petite route conduit du village à un grand parking, non loin de ce centre de l'harmonie parfaite où se côtoient et s'interfèrent légende, mystère, histoire, spiritualité, sensibilité et plénitude.

Cette plénitude est essentiellement engendrée par une Onde de Vie extrêmement harmonieuse d'environ + 20 au géodynamètre.

Le lac, d'origine glaciaire, est profond d'une quinzaine de mètres. Il est situé à une altitude de 678 mètres. Sa surface est de 1 hectare 60.

Dès le premier abord, le promeneur est frappé et « envoûté » par les nuances subtiles des effets de couleur de la gamme des verts. A l'époque où l'on redécouvre l'influence des couleurs sur les êtres vivants et les vertus de la couleur verte sur le système nerveux, nous ne saurions que trop conseiller un séjour au lac de la Maix. Les « patients » pourront y suivre une thérapeutique régénératrice cosmo-tellurique et apprécier les bienfaits de la chromothérapie.

Ce site merveilleux séduira pèlerins, historiens, peintres, poètes... et la vibration de chaque être s'harmonisera avec le subtil de ce lieu où se rejoignent différents éléments.

La supposition, qu'à l'époque celtique ce haut lieu vibratoire fut un lieu de culte se confirme, compte tenu des vibrations cosmo-telluriques des environs du lac.

Une petite chapelle s'élève sur les hauteurs. On peut découvrir, en dessous de cette bâtisse, une crypte voûtée qui abritait une Vierge Noire. C'est dans cette crypte que les habitants de la région baptisaient les enfants mort-nés.

Les Vierges Noires sont d'essence celtique et symbolisent la Wouivre, par qui la vie naît. La Wouivre, ou la Nwyvre des druides, est liée aux activités secrètes des courants telluriques et des vibrations du sol.

Les Vierges Noires, par leur contact avec les entrailles de la terre, opéraient-elles une alchimie entre le négatif des forces telluriques et le positif des forces cosmiques ?

La majorité de ces statuettes, à l'origine païennes, ont été découvertes dans les souterrains humides des anciens sanctuaires celtiques qui sont devenus nos cathédrales et nos monastères (!). Dans la cathédrale de Chartres, bâtie sur les ruines d'un temple gallo-romain, fut aussi mise à jour une statuette, de couleur noire, représentant une femme portant un enfant.

Symbolisait-elle la Vierge-Marie des Chrétiens ou la déesse du mariage et de la famille de la mythologie égyptienne : Isis ?

L'origine de la chapelle est très vague. On ne trouve trace de celle-ci qu'au XIe siècle. La chapelle souterraine fut consacrée par Cibon, évêque de Toulon en 1090. Selon Dom Calmet, l'ermitage aurait été fondé en 1090 par un religieux de Senones, frère Régnier.

En 1508 on construisit une chapelle, « la chapelle de la mer », un pèlerinage s'instaura alors et de nombreux pèlerins affluèrent.

A la suite d'abus, il fut supprimé en l'an 1758 et les bâtiments furent détruits.

En 1865 une nouvelle chapelle fut édifiée sur l'ancienne crypte et le pèlerinage rétabli.

L'Onde de Vie de la crypte indique + 22 au géodynamètre.

Aux abords de la chapelle on peut voir un très beau sarcophage du début de notre ère.

Le pèlerinage Notre-Dame de la Maix, perpétué depuis 1865, s'effectue le dimanche de la Fête-Dieu.

LE CHANT DE LA FALAISE ROSE DU COL D'ASSON

Au nord du lac de la Maix de mystérieuses orgues géantes semblent interpréter, été comme hiver, un étrange concerto en rose majeur pour une nuée d'êtres célestes invisibles. Du village de Luvigny, situé au sud de Raon-sur-Plaine, une route forestière permet de découvrir une splendide falaise de grès rose en forme d'arête découpée, longue de deux cents mètres et d'une hauteur atteignant vingt mètres, plus connue sous le nom de « Rocher des Hauts Champs ». Au sommet de la falaise qui forme un plateau, l'Onde de Vie mesurée au géodynamètre, indique + 28 à un point précis.

En été, dans le calme serein de cette forêt des Bois Sauvages, on a l'impression de percevoir la « respiration » des végétaux qui nous entourent. Parfois, seul le frôlement d'un insecte, ou le chant bref d'un oiseau, viennent troubler cette harmonieuse sérénité.

Mais quand le soleil est à son zénith, la symbiose entre le vert de la végétation, les ombres des arbres sur la falaise et la couleur d'un rose particulier, semblent entrer en résonance avec les vibrations cosmo-telluriques et interpréter, sur ces orgues titanesques, une musique magique de fluides.

Ce haut lieu vibratoire, empreint d'une subtile magie, semble hors du temps, comme au contact d'une autre dimension.

Il ne livrera son chant délicat qu'aux êtres qui sont en mesure de percevoir la vibration des couleurs et de ressentir la présence invisible du dieu Belen à travers les rayons du soleil.

LA MONTAGNE SACRÉE DU DONON

A plusieurs lieues, on aperçoit l'imposant sommet de la montagne du Donon, coiffé par les vestiges de son temple « antique ». Ce lieu de culte et de refuge représenterait 5.000 ans d'histoire.

Vraisemblablement, ce haut lieu vibratoire est hors de notre temps.

Donon dériverait du mot celtique Dunum, qui signifie montagne.

Les recherches ont démontré que le massif du Donon a été habité à l'époque néolithique, c'est-à-dire 3.000 ans avant notre ère, par des Celtes porteurs d'une civilisation avancée. A l'époque du camp d'Argentoratum qui était le centre du pouvoir de la Basse-Alsace, le Donon, sanctuaire, mais aussi lieu de rencontre et d'échanges commerciaux, était fréquenté par les tribus celtes des Leuques, des Médiomatriques et des Triboques.

Le Donon est profondément empreint du passage des Celtes, pourtant, il semblerait qu'ils n'aient fait que s'installer dans un lieu occupé jadis par une autre civilisation, selon la théorie des Romains.

C'est au début de notre ère que les Romains construisirent des routes pour leurs échanges commerciaux et pour les déplacements de leur armée.

Une voie romaine, en excellent état, peut être étudiée non loin du Donon, au col de Roule Bacon.

D'après les vestiges qui subsistent, les Romains auraient installé un poste militaire au Donon, utilisant l'enceinte entourant le sommet de la montagne.

Les Romains marquèrent le Donon de leur passage par la construction de temples dédiés à des divinités gréco-romaines tout en respectant le sacré celte.

La plate-forme du Donon

La référence aux dieux du ciel Jupiter-Taranis, aux dieux de la guerre et de la paix Mercure-Teutatès, aux divinités médiatrices entre le ciel et la terre Hercule-Surertrius, prouverait la pérennité des anciennes croyances celtiques.

Aux environs des IVe et Ve siècles les invasions des Germaniques, les Alamans, chassent les Romains, les monuments sont abandonnés et tombent en ruines. Des moines, venus évangéliser et « civiliser » la région, au VIIe siècle, achevèrent de détruire ces témoignages de l'histoire.

Sûrement attirés par la puissante Onde de Vie du Donon, des religieux s'y installèrent et fondèrent des monastères.

Si aujourd'hui il ne reste que quelques rares vestiges de ces temples « païens » et monastères, construits patiemment au fil des siècles, c'est que le massif du Donon a servi de carrière de pierres à des personnes au sens pratique très développé.

Au XXe siècle, le Donon fut exploré et les passionnés d'histoire et d'archéologie pourront admirer les vestiges découverts dans ce site unique au musée d'Epinal et au musée archéologique de Strasbourg.

Selon la légende, Pharamond, le chef franc descendant du dernier roi de Troie, Priam, 1er Roi de France, reposerait au Donon.

On accède à pied au sommet de la montagne sacrée du Donon par une petite route privée qui mène au relais de télévision situé à proximité du site ou en empruntant un chemin forestier qui serpente à travers la montagne au départ du col entre les deux Donons.

A côté du relais on peut admirer des moulages de stèles découverts sur les pentes du Donon et à quelques pas un puits taillé dans la roche d'un diamètre de cinq mètres et de sept mètres de profondeur.

Son usage semble avoir été réservé à des fonctions cultuelles.

LE DONON

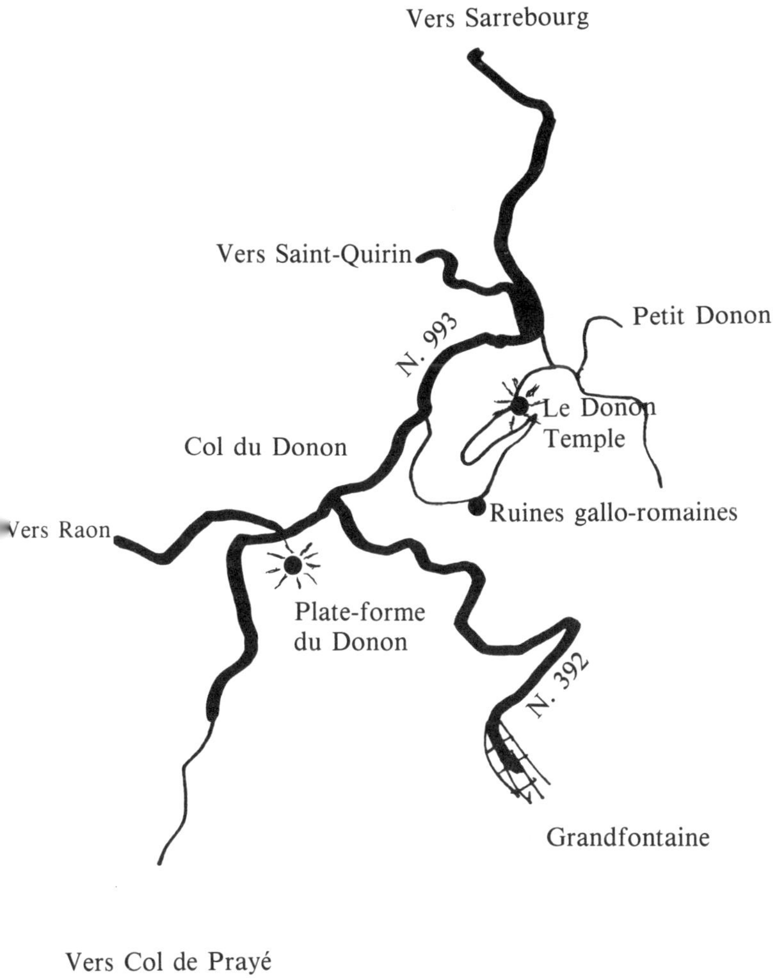

Vers Sarrebourg
Vers Saint-Quirin
Petit Donon
N. 993
Le Donon
Temple
Col du Donon
Ruines gallo-romaines
Vers Raon
Plate-forme
du Donon
N. 392
Grandfontaine
Vers Col de Prayé

Un sentier caillouteux conduit, à travers le flanc déboisé, à une plate-forme en grès ovale très impressionnante de cent mètres de long sur vingt-cinq mètres de large sur laquelle a été édifiée en 1869 une copie d'un temple grec à douze colonnes.

Ce « temple », ainsi que presque toute la surface de la plate-forme, bénéficie d'une Onde de Vie dépassant + 25 au géodynamètre.

Le promeneur a généralement l'heureuse surprise de constater que, malgré l'effort nécessaire pour parvenir au sommet du Donon, il sent qu'il récupère très rapidement ses énergies et que la montée ne l'a pas fatigué outre mesure.

Une table d'orientation permet de reconnaître les sommets environnants.

Du haut des 1.009 mètres de cette montagne sacrée, les amateurs de grands espaces et d'étendues infinies seront comblés par la vue enchanteresse qu'offre ce belvédère.

Les multiples harmonies de bleu, proposées par ce fantastique panorama, justifient profondément aux Vosges l'appellation sacro-magique de « Montagnes bleues ».

Sur le plan minéral signalons une curieuse et intéressante coïncidence entre le Donon et le camp celtique de la Burre : « la présence de fer ».

Au pied du Donon, il fut exploité dans les mines de Grandfontaine.

LA ROCHE DE BIPIERRE

Dans les environs de la montagne sacrée du Donon existent plusieurs lieux qui ont été utilisés à des fins de cultes ou pour une thérapeutique insolite.

La Table à Culte géante, située à l'est du Donon, peut-être le lac de la Maix et au sud-ouest les mystérieuses Pierres à

Le Donon

Cupules et la Zweifels, plus connue sous le nom de Roche à Bipierre.

Ces lieux sont pourvus d'une Onde de Vie nettement au-dessus de la moyenne et possèdent toutes les caractéristiques pour avoir servi à des fins cultuelles.

Il semblerait que les habitants de la montagne sacrée des temps les plus reculés, avaient fait de la forêt cernant le Donon un immense temple naturel en plein air.

A quelques minutes du col de Prayé, à 862 mètres d'altitude, se dresse un énorme banc de grès d'une vingtaine de mètres de longueur, sur une quinzaine de largeur, avec une terrasse avancée vers l'est.

Pour apprécier ce site à sa juste valeur, il convient d'imaginer ce lieu dans son cadre initial, sans la prolifération végétale des arbres. Cet endroit semble tout indiqué pour la célébration d'un culte au lever du soleil. Nous le conseillons spécifiquement pour la recharge d'énergies et la méditation à ce moment précis de la journée.

A la base de cette roche, se logent deux niches mystérieuses où sont gravés de nombreux signes et croix bizarres et incompréhensibles indiquant la présence d'officiants de cultes anciens de la période du néolithique.

Ces gravures garderont certainement leur secret pendant encore de longs siècles et même des millénaires. Peut-être qu'un jour, quand l'Homme comprendra que le plus important est dans le plus simple, comme le plus grand est dans le plus petit, il lui sera permis de déchiffrer ce message venu d'un autre temps.

Une légende, rapportée des Indes, raconte qu'il y a quelques milliers d'années, les dieux, outrés par le comportement des humains, décidèrent de se rassembler pour se concerter.

Les humains devenaient de plus en plus insolents et voulaient égaler les dieux.

Ils possédaient la clé de tous les mystères et s'en servaient dans le but de parvenir à leurs fins et non pour apporter paix, amour et harmonie autour d'eux.

Pour arrêter cette soif de puissance qui risquait d'apporter une domination catastrophique, les dieux entreprirent de leur retirer la clé.

Ils décidèrent de ne la révéler qu'aux êtres méritants qui feraient l'effort d'être dignes de la posséder et le serment de ne l'utiliser qu'à des fins hautement louables.

Mais un grave problème surgit.

Où la cacher ?

Ils délibérèrent pendant de longs jours, proposant les lieux les plus insolites et les plus inaccessibles mais toujours les dieux convinrent que la soif de puissance des humains leur ferait oublier danger et peur.

Ils mettraient tout en œuvre pour posséder la clé, sauf l'essentiel et risqueraient de la découvrir sans la mériter réellement, qu'elle eut été cachée au sommet de la plus haute montagne, au fond du plus profond des océans ou dans le brasier le plus chaud.

Après avoir examiné et étudié toutes les possibilités, les dieux convinrent de la cacher tout simplement au fond de chaque humain. Ils les connaissaient très bien et savaient pertinemment qu'ils seraient beaucoup trop imbus de leur savoir et de leur personne pour rechercher humblement, en toute simplicité, la clé de tous les mystères au fond d'eux-mêmes.

Il s'avérerait que depuis des millénaires, bien peu d'hommes l'aient trouvée et qu'ils la recherchent toujours chez les autres ou dans le progrès.

Méditons les paroles de ce sage hindou qui disait à un « élève », venu le consulter et suivre son enseignement :

LA ROCHE DE BIPIERRE
ET LES PIERRES A CUPULES

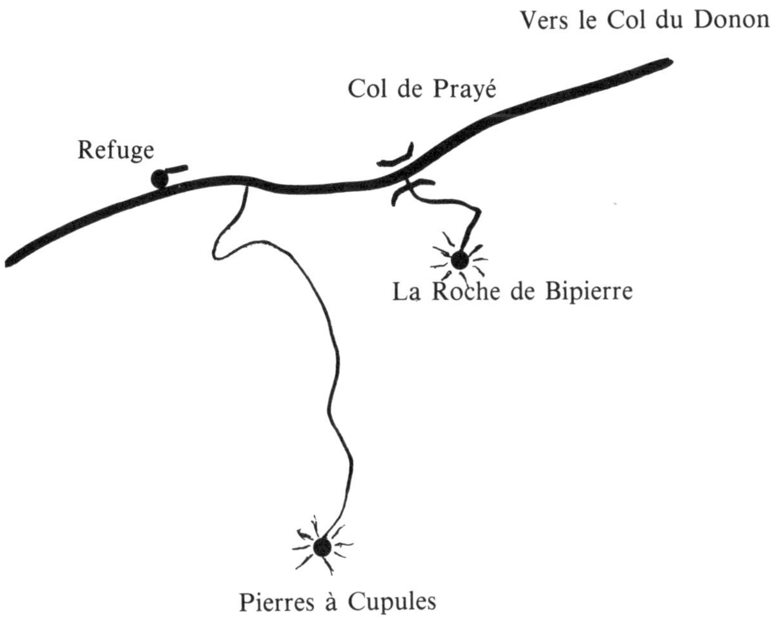

« Retourne chez toi et en toi. Tout ce que tu cherches est dans ton pays. Toutes les connaissances que tu désires acquérir sont inscrites au fond de ton être. Il te faut apprendre à les déchiffrer ».

LES PIERRES A CUPULES DES GUÉRISSEURS ANTIQUES

Pas très loin de la roche Bipierre se trouvent les mystérieuses Pierres à Cupules, appelées aussi Pierres à Bassins.

Après le col de Prayé, il faut encore continuer la route pendant un kilomètre jusqu'au refuge de Prayé.

Presque en face du refuge un chemin forestier traverse une épaisse forêt et débouche dans une clairière parsemée d'insolites roches de grès de faible hauteur.

Ces roches ont la particularité d'être percées de trous cupuliformes semblables à ceux de la Tête des Cuveaux, d'une profondeur allant jusqu'à trente centimètres avec des diamètres dépassant parfois en certains cas cinquante centimètres.

L'origine de ces cupules, bien que mal établie, semble provenir de l'érosion.

Hypothèse simpliste, mais qui se justifie très bien. Les roches de grès comportent des noyaux plus tendres et par le jeu des forces érosives de l'eau et du gel, ces parties vulnérables s'évident et forment des cavités. Il existe dans les Vosges de nombreuses roches à bassins, mais toutes ne sont bien sûr pas obligatoirement liées à des fonctions cultuelles ou artisanales.

On a souvent voulu voir dans ces roches, façonnées par Dame Nature, des pierres à sacrifices.

La déformation de considérer les peuples celtes, ou antérieurs, comme des barbares sanguinaires, vient sûrement tout droit des manuels d'histoire.

Pierres à cupules

L'hypothèse selon laquelle les cupules étaient remplies de grains qu'une meule écrasait, ne semble pas très convaincante. On a aussi parlé de trous pour poser des pieux supportant des habitations ou de bassins servant à collecter l'eau.

Compte tenu de la vibration cosmo-tellurique des Pierres à Bassins du col de Prayé et du « climat » apaisant qui se dégage de ce haut lieu vibratoire, une toute autre hypothèse s'impose.

Pour bien la comprendre et l'assimiler, il est presque nécessaire d'avoir effectué l'expérience qui consiste à s'allonger sur une de ces roches à cupules par une belle journée ensoleillée. Il est bien sûr conseillé de se munir d'une serviette épaisse.

Il faut se détendre en respirant calmement et bientôt on se sentira envahi par une légère torpeur, une sorte d'engourdissement, qui se propage dans tout le corps.

En approfondissant cet état, on arrive directement à « l'état de veille » nécessaire pour pratiquer l'auto-hypnose ou la suggestion hypnotique. Il faut donc admettre ces Pierres à Cupules, très apaisantes, comme des pierres thérapeutiques utilisées par une sorte de mage-guérisseur, mi-prophète, mi-magicien.

En considérant que la vibration magnétique de ces roches est à son maximum quand il y a du soleil, il convient d'ajouter que ces Pierres à Cupules ont pu servir à opérer des guérisons par une sorte de religion thérapeutico-solaire.

Envisageons que ces cupules aient été utilisées pour conserver l'eau, l'eau pure de la pluie.

En séjournant dans ce récipient naturel, irradié bénéfiquement par le magnétisme cosmo-tellurique du lieu, cette eau devient une merveilleuse eau magnétisée.

De même, dans cet ordre d'idée, dans ces bassins remplis d'eau, peuvent avoir été déposées des plantes à vertus curatives pour des macérations, dans le but de réaliser des eaux médicinales.

Si cette thérapie était liée à des rites solaires, on peut très bien imaginer le mage-guérisseur divinisant, par des incantations, ce breuvage afin d'en augmenter les effets bénéfiques.

De nos jours, plus spécialement en Californie, de nombreux centres de guérisons voient le jour. On y applique ces méthodes ancestrales et les résultats sont des plus convaincants.

Souhaitons que bientôt, en France, apparaissent de tels centres, afin d'apporter le réconfort à tous ces êtres qui sont abandonnés par une certaine forme de médecine.

LA FORÊT DES PIERRES LEVÉES DE ROULE-BACON

Dans le secteur du Donon, la forêt du col de Roule-Bacon a retenu notre attention par son caractère magique et mystérieux que lui confèrent ses arbres majestueux et les énormes blocs de pierres qui jonchent le sol et son Onde de Vie moyenne de + 14 au géodynamètre atteignant + 18 à certains endroits.

Le col de Roule-Bacon se situe au-dessus du village de Raon-les-Leau, accolé à Raon-sur-Plaine.

En montant au col on pourra apercevoir sur la droite un des plus beaux vestiges antiques de la région : la Voie Romaine.

Cette voie antique a été empruntée par les Gaulois, les Romains et les Germains pour traverser les Vosges et relier Metz à Strasbourg par le Donon.

Il subsiste en Alsace de nombreuses traces de voies romaines, mais les beaux dallages, très bien conservés, de cette voie dégagée sur environ cinq cents mètres, méritent une visite.

LA FORÊT DE ROULE-BACON
LA VOIE ROMAINE

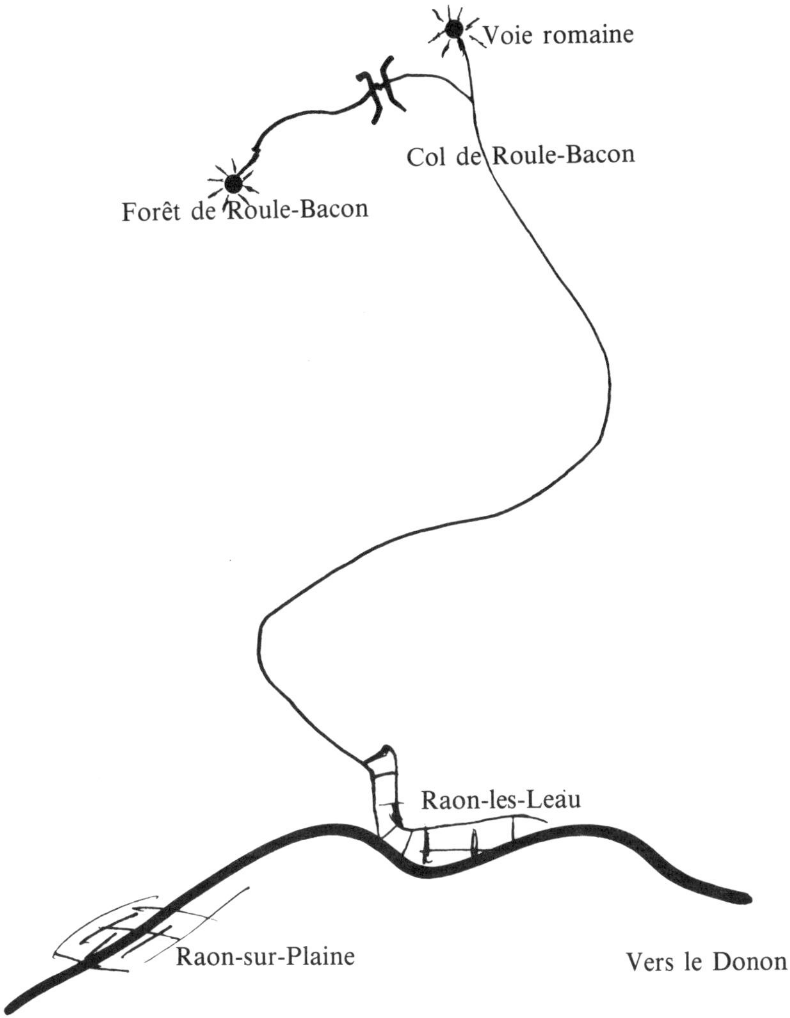

On peut très bien examiner les traces laissées par la circulation des chars, espacées de 1,33 mètre.

Au sud du col de Roule-Bacon, la mystérieuse forêt des Pierres Levées (et couchées) fait songer à un paysage endormi depuis des millénaires qui nécessiterait un coup de baguette magique pour s'éveiller et se remettre en activité.

La forêt est parsemée d'énormes monolithes et de blocs de pierres insolites qui font penser qu'effectivement ce site aurait été habité et que ces pierres, souvent aux formes régulières, proviennent d'antiques constructions.

Certains monolithes semblent réellement avoir été taillés par la main de l'homme. Beaucoup de ces pierres sont couchées, mais quelques-unes sont debout et... émettent, comme d'authentiques menhirs.

Magie ou mystère ?

LA TABLE DE CULTE GÉANTE DE WISCHES

A l'est du Donon, dans la forêt de Wisches, repose un immense bloc de pierre, en forme de table ou d'autel.

L'étrange particularité de cette roche réside en son emplacement : le point précis de l'intersection entre deux courants telluriques, l'un positif, l'autre négatif.

Le courant négatif est celui qui descend du sommet de la colline selon l'orientation nord-sud. Le courant positif coupe perpendiculairement l'axe négatif d'est en ouest.

Comment expliquer la présence de cet énorme bloc de pierre ? Le hasard ou l'intervention d'êtres dotés d'une puissance titanesque ?

Vu le poids de cette table géante, l'origine semble insoluble.

Mais c'est en mesurant la puissance des rayonnements de cette pierre avec le géodynamètre que le mystère s'épaissit.

La table de culte géante de Wisches

LA TABLE DE CULTE GÉANTE
(LA ROCHE SOLAIRE)

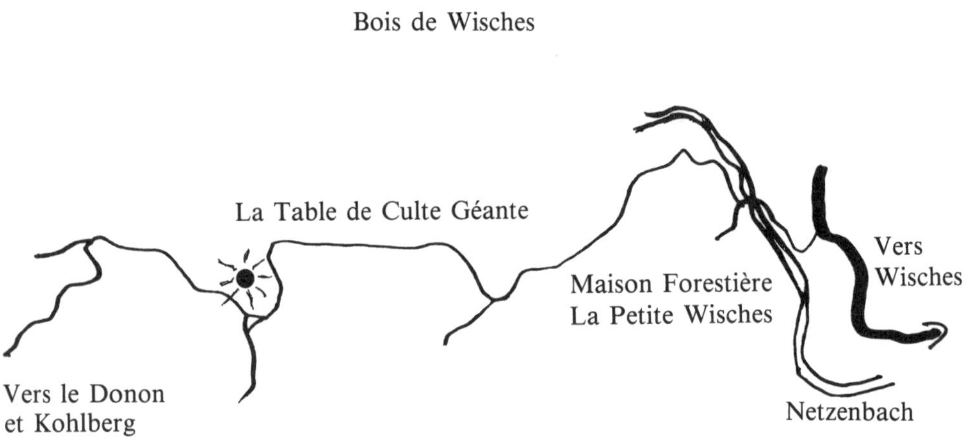

— L'Onde de Vie de la forêt mesure environ + 15.

— Le courant négatif, celui qui descend nord-sud, indique une Onde de Vie négative de - 18.

— Le courant positif, est-ouest, avoisine + 22.

— La table, mesurée sur le dessus, à la verticale, surprend le radiesthologue qui détermine une Onde de Vie de + 24 au géodynamètre.

La puissance de + 24 de la table géante semble provenir de trois sources :

— la roche suscite une sorte d'alchimie entre le courant positif et négatif,

— la roche, par sa fonction de table de culte ou d'autel, a capté les fluides spirituels lors de cultes, comme les églises et chapelles s'imprègnent de la foi et des prières des fidèles,

— la roche a été « chargée » par un initié ou un être en possession de certains secrets de la vie.

L'imprégnation positive et bénéfique de cette roche suit les même lois que le principe du phénomène des « pierres magiques » que possèdent certaines personnes et qui leurs ouvrent les portes de la chance, du succès et de la réussite. Ces « pierres magiques » ont été « imbibées » d'éléments positifs, physiques et psychiques. Elles agissent selon la loi psychologique de la suggestion, ce qui est indéniable, mais essentiellement par le positivisme qu'elles véhiculent.

L'opération magique, pour rendre une pierre bénéfique, consiste à choisir une pierre qui s'accorde avec ses propres vibrations et de la « charger » en fluide :

— en fluide physique, le magnétisme animal, par impostition des mains ;

— en fluide psychique, le magnétisme mental, c'est le plus difficile à produire, mais aussi le plus pur. Il s'obtient par la puissance de la pensée.

— Notre ère de technicité considère les pierres, pour ne citer qu'elles, comme des éléments inertes, sans vie, sans âme.

Erreur.

Les pierres, les minéraux, vivent et ont une âme.

Il ne tient qu'aux humains de le découvrir, de le percevoir et de communiquer avec elle, pour réaliser des actes magiques et bénéficier des éléments positifs de la vie.

Le cours de la vie d'un être est tel qu'il se programme.

Au-delà des « bagages » matériels et intellectuels dont un être dispose à sa naissance ou acquiert pendant son jeune âge, il existe un élément qui prédomine :

« la puissance de la pensée ».

Elle détermine la position des êtres dans la vie selon la loi de l'attirance des semblables.

Les forces de la pensée, utilisées dans des desseins positifs, multiplieront les éléments positifs, alors qu'utilisées à des fins négatives et bassement matérielles, elles se retourneront impitoyablement contre l'opérateur.

La table de culte géante de la forêt de Wisches est donc « chargée » de magnétisme cosmo-tellurique et de ce magnétisme plus subtil que nous venons d'analyser.

Les personnes qui arriveront à grimper sur cette table auront la « récompense » de bénéficier de tous ces éléments positifs et d'amplifier ainsi leurs propres possibilités psychiques.

LE CHAMP DU FEU OU LE CHAMP DU BRASIER ARDENT

La montagne du Champ du Feu est située à l'angle sud du Triangle Sacré.

C'est la montagne des Vosges qui conserve le plus secrètement ses mystères et ne semble nullement disposée à livrer son histoire. Le Champ du Feu est le massif le plus élevé des Vosges septentrionales. C'est un vaste plateau ondulé qui s'étend sur environ cinq kilomètres de longueur et sur une largeur variant entre 500 et 900 mètres.

Du point de vue géologique cette montagne est composée essentiellement de granit. Elle est recouverte de terrain tourbeux parsemé de bruyères sauvages.

De nombreuses personnes se sont penchées sur le mystère de l'origine du nom de ce haut lieu vibratoire. Il semblerait que « Champ du Feu » provienne du patois « champ do fé » ce qui pourrait signifier, vu son altitude et sa forme de plateau, « champ du faîte ».

Il existe à ce titre, couramment en Alsace par exemple, la dénomination de Hochfeld.

Bien que l'explication de l'origine de l'appellation du Champ du Feu soit convaincante, nous sommes tentés, en nous référant à l'Onde de Vie qui atteint + 24 au géodynamètre sur presque la totalité du plateau, d'avancer une toute autre hypothèse.

Nous avons vu que les hauts lieux vibratoires sont généralement liés à des phénomènes paranormaux, d'apparitions, de miracles, de guérisons instantanées, de variations climatologiques.

Dans cet ordre d'idées, toujours par rapport à la particularité cosmo-tellurique du Champ du Feu, celui-ci pourrait très bien avoir été le décor d'un de ces phénomènes étranges.

Il est fort probable qu'au Champ du Feu se soit produit un évènement analogue à celui qui, selon la légende, se serait produit au XVe siècle au Schauenberg, près de Rouffach. En effet, des flammes d'un brasier ardent auraient été vues, jaillissant de la montagne. Ce haut lieu vibratoire bénéficie également d'une puissante Onde de Vie.

Cette circonstance donna naissance à un pèlerinage très fréquenté.

Le Champ du Feu

Au Champ du Feu, contrairement au Schauenberg, ne subsite aucune « trace », ni ermitage, ni chapelle, ni rocher.

En 1898 a été élevée au « faîte » du plateau, à 1.099 m, une tour massive de vingt mètres qui permet, par temps clair, un fantastique panorama sur les Vosges, la plaine d'Alsace, le Jura et les Alpes.

Signe des temps, ce belvédère est en béton armé.

Du Champ du Feu émanent des fluides généreux, forts et puissants, qui en font un lieu recommandé aux personnes désireuses, le temps d'une promenade ou d'un pique-nique, de bénéficier des éléments dynamisants et revitalisants de ce haut lieu vibratoire.

LE MONT SAINTE-ODILE, LE MONT LUMIÈRE

Il y a fort longtemps, vers le milieu du VIIe siècle, naquit au château du duc austrasien, Adalric, une petite fille aveugle : Odile. Sa mère, la duchesse Bereswinde, belle-sœur de Childéric, après avoir été longtemps stérile, fut profondément peinée de ne pas donner un héritier au duc, mais d'accoucher de surcroît d'une enfant atteinte de cécité.

Le duc, réputé pour sa rudesse et ses mœurs barbares, en apprenant cette fâcheuse nouvelle, preuve d'une malédiction divine, devint fou de rage. Il décida de tuer le nouveau-né devenu doublement sa honte. La duchesse confia la petite Odile à une nourrice d'un petit village des Vosges qui, au péril de sa vie, dissimula le bébé chez elle.

Adalric, ayant eu vent de l'affaire, se mit à la recherche de l'enfant, mais celle-ci fut confiée au couvent de Palma, le Baume-les-Dames d'aujourd'hui.

Les années passèrent et une nuit, l'oncle d'Odile, l'évêque de Ratisbonne de Bavière fut commandé en songe d'aller baptiser l'enfant.

LE MONT SAINTE-ODILE

Situation Générale

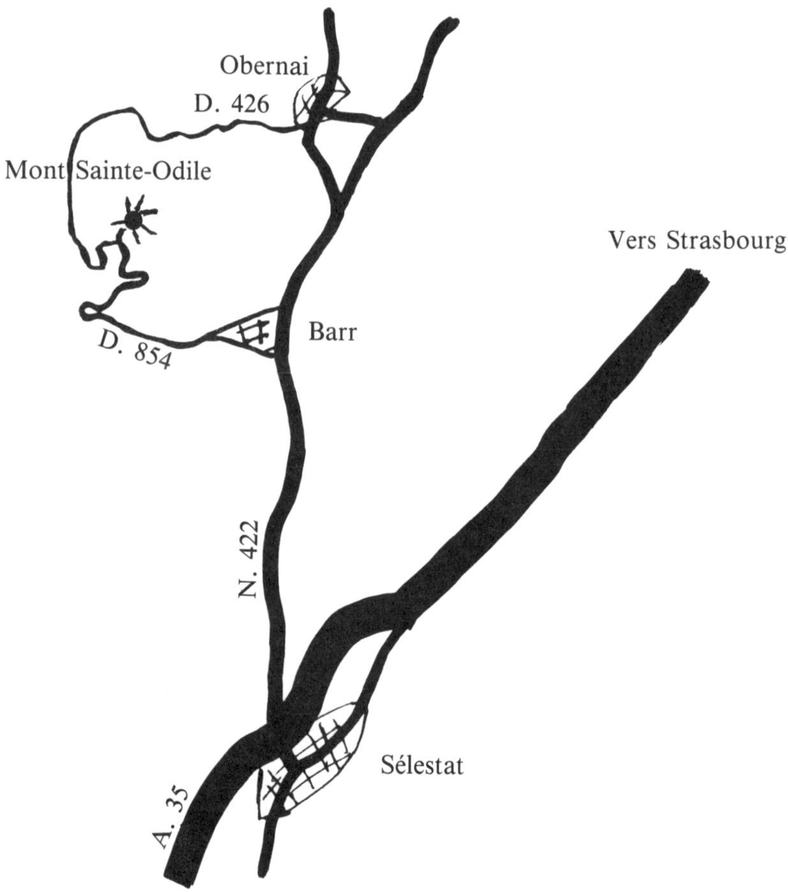

Dès que le front de la fillette aveugle fut au contact de l'eau baptismale, miracle, Odile recouvra la vue.

Le duc Adalric fut mis au courant mais refusa obstinément de revoir sa fille, malgré les intercessions de la duchesse devenue entre-temps mère de plusieurs garçons.

L'un deux, Hugues, enfreignit la volonté paternelle et ramena sa sœur au château.

Le duc, dans un effroyable accès de colère, tua son fils.

Tenaillé par les remords, Adalric ne renvoya pas la jeune fille, mais décida de la marier avec l'un des nombreux prétendants éblouis par la grande beauté d'Odile.

Désireuse de consacrer sa vie à Dieu, la jeune fille s'enfuit du château.

Poursuivie par les gardes de son père, elle dut son salut à une roche qui, par la ferveur de ses prières, s'entrouvit pour la protéger. Le duc, ému par ce signe du ciel, fit don du château de Hohenbourg à Odile, afin qu'elle puisse accomplir son œuvre et fonder un monastère.

Odile devint la première abbesse du couvent qui compta cent trente moniales.

Elles se nourrissaient très modestement et dormaient sur une peau d'ours avec une simple pierre en guise d'oreiller.

Un jour, la sainte abbesse apprit que son père venait de mourir. Elle pria inlassablement en pleurant pour le salut de l'âme du duc et sa délivrance du purgatoire.

Au fil des années, la dalle, sur laquelle s'agenouilla Odile, s'usa peu à peu à l'emplacement des genoux. On peut en voir les traces dans l'actuelle Chapelle des Larmes.

La Sainte qui aimait prier et méditer dans la profonde forêt entourant le couvent, rencontra un jour un vieillard assoiffé et malade, gisant sur le sentier. Nul point d'eau ne se trouvant à proximité, Odile fit jaillir une source claire pour abreuver le malheureux. Il en but et fut aussitôt guéri.

Aujourd'hui une grille protège cette source bienfaisante pour les personnes souffrant de troubles oculaires.

Située en contrebas du couvent cette source reçut le nom de Fontaine Sainte-Odile.

Il est recommandé de se laver les yeux avec cette eau miraculeuse mais, compte tenu de sa composition, de ne pas en boire de trop.

Au cours de l'hiver 720, Odile s'éteignit dans la chapelle Saint-Jean.

Toutes les cloches de la contrée se mirent à sonner d'elles-mêmes.

Ce haut lieu vibratoire, dédié à la patronne et protectrice de l'Alsace, occupé par l'homme depuis l'aube des temps, recèle plusieurs chapelles et une terrasse offrant une vue exceptionnelle de la plaine et des Vosges. La chapelle des Anges, située à l'extrémité du promontoire et dont les mosaïques éclatantes d'or évoquent des symboles chrétiens, est liée à une périlleuse tradition.

Les jeunes filles désireuses de se marier venaient en faire trois fois le tour en pensant à l'élu de leur cœur. Elles étaient asurées d'être épousées dans l'année.

Un éboulement a mis fin à cette pratique acrobatique.

Le couvent abrite une hostellerie où les pèlerins peuvent effectuer un séjour assurément bénéfique sur tous les plans.

A l'extérieur de ce haut lieu de la prière, d'innombrables possibilités de promenades et de découvertes sont offertes aux promeneurs et chercheurs.

La profonde forêt, l'enivrante odeur secrétée par les pins baignés de soleil, ajoutent une note insolite au titanesque mur païen et à l'énigmatique grotte des Druides.

LE MONT SAINTE-ODILE
Détail

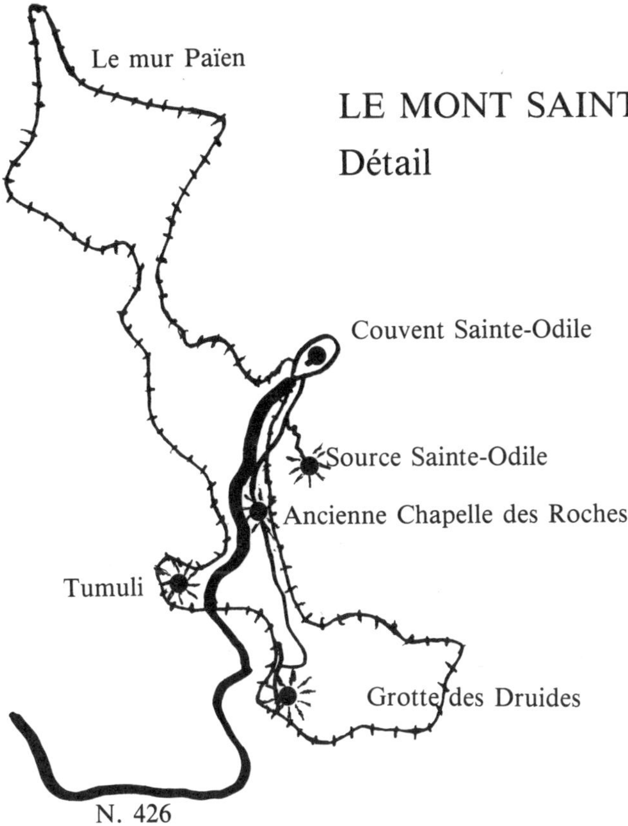

Le site naturel du Mont Saint-Odile est menacé

Ce haut lieu vibratoire chargé d'histoire et de respect risque d'être défiguré d'une façon irréparable par l'extension de la carrière de Saint-Nabord dont la surface au sol dépasse 40 hectares.

Si les projets sont menés à terme, cette carrière aux dimensions imposantes sera encore élargie de 130 mètres à son bord supérieur.

La blessure au lieu d'être « cicatrisée » sera plus béante encore.

Il faut savoir que la ligne de crête vers Niedermünster côté sud et le sentier historique des pèlerins côté nord seront bientôt atteints.

Les fondations naturelles du Mont Saint-Odile seront donc dangeureusement ébranlées et affaiblies et le site défiguré à jamais.

Nous lançons un appel pour que soit sauvegardé un des fleurons de notre patrimoine naturel et culturel.

MUR PAÏEN - ENCEINTE SACRÉE

C'est un spectacle grandiose qu'offrent au visiteur du Mont Sainte-Odile ces falaises colossales en grès rose et ce mur aux blocs énormes formant à eux seuls une ceinture de force, comme des souverains protecteurs des lieux.

Beauté saisissante aux dimensions surnaturelles, où l'homme et la nature ont su s'harmoniser prestigieusement pour accomplir le chef-d'œuvre d'architecture cyclopéenne.

Quels étaient ces bâtisseurs d'un savoir, d'une maîtrise surprenante ? Pour nous laisser un tel legs architectural, de plusieurs millénaires, témoignage d'un passé hautement civilisateur.

Or, ce type d'architecture, nous le retrouvons en plusieurs points sur notre planète et l'aspect qu'offre le mur païen n'est pas isolé : en Grèce, à Mycènes, quelques murs en ruines, aux blocs volumineux, dont la porte d'entrée de la citadelle est restée intacte, ornée d'un bas-relief représentant des lionnes. Au Pérou, à Cuzco, dont l'enceinte est faite d'énormes blocs polygonaux, échelonnés où ne passerait pas même la pointe d'un couteau.

Ce ne sont pas l'œuvre de simples « primitifs » mais bien un courant civilisateur qui avait su prendre le pouls de la planète en cet endroit, de façon à pouvoir en faire un haut lieu jusqu'à nos jours.

Réalité et contraste frappant pour le visiteur d'aujourdhui né d'une société aux matériaux fragiles que ce face-à-face avec une dimension surprenante de ce mur païen fait d'énormes blocs de grès dont l'épaisseur varie de 1,20 m à 2 m (primitivement la hauteur était de 4 à 5 m et formait une masse d'environ 40.000 m^3 de pierres).

Le rocher du Panorama du Mont Sainte-Odile

Gigantesques travaux d'Hercule quand on sait que ces blocs pesaient plusieurs tonnes, reliés entre eux autrefois par des mortaises en bois en queue d'aronde.

Quelle en fut la technique de l'extraction, de levage et de mise en place ?

Autant de points d'interrogation. Que d'énigmes sur l'histoire de ce spectaculaire mur païen qui doit son nom au pape Léon IX, alsacien au XIe siècle qui avait de nombreuses attaches avec le couvent.

Si aujourd'hui nous remercions l'ingéniosité du temps d'avoir su préserver une partie de cet héritage du passé, il est fort regrettable que ces époques n'aient pas su le conserver dans son intégralité en lui chapardant quelques blocs ici et là pour s'en faire des châteaux forts ou quelques édifices religieux.

L'enceinte, depuis toujours, fut un espace de choix. Elle fut tour à tour sacrée, militaire, refuge et lieu de pèlerinage et de lumière pour l'histoire et la spiritualité.

Ce haut lieu vibratoire fut choisi et édifié par des initiés, êtres qui savaient sonder cette terre et la faire révéler aux profanes en y captant ses effluves bénéfiques et régénératrices par son tellurisme, qu'on situe à + 22 aujourd'hui sur l'ensemble du plateau (à part quelques points plus intenses).

Premier pas de recueillement en ce lieu où l'homme doit se repenser en fonction du temps, de sa vibration propre et de celle du pouvoir divin qui est celle de l'évolution cosmique.

Dans ce même lieu, plusieurs fois choisi par les Celtes, Romains, Mérovingiens et les pèlerins d'aujourd'hui, l'homme se réapprend, se découvre et s'unit dans un même élan.

Plus de 3.000 ans avant l'ère chrétienne, les Celtes et leurs sages précurseurs du druidisme reconnurent qu'en certains

Le Mont Sainte-Odile

La grotte des Druides du Mont Sainte-Odile

lieux les courant d'ondes telluriques étaient plus intenses dans leurs radiations, de sorte que hommes et animaux les percevaient par instinct et intuition et venaient s'y rassembler.

En ces lieux les ancêtres, tels que les Celtes, élevaient de frustes monuments de pierres brutes, menhirs, dolmens, monuments mégalithiques, révélateurs des forces souterraines.

L'érection de ces monuments fait partie d'un savoir et d'une technique que seuls détenaient les druides... Ces dolmens sont des pierres couchées sur deux ou plusieurs pieds-supports, sans autre appareillage que leur poids pour en assurer la stabilité. Dans la liturgie druidique l'on exigeait que le monument soit fait d'une pierre brute, non-façonnée, posée sur deux pieds, car il est dit dans les triades de la révélation de Taliesin :

— vous n'élèverez point d'autres en pierres taillées...

— vous n'adorerez point d'image sculptée...

— et prierez dans les temples par moi-même créés.

Leur temple c'était la divine nature, la forêt, les chênes et la grande clairière.

Pour célébrer leurs offrandes au dieu Belen, divinité solaire, ils érigeaient un simple autel : deux pierres à la verticale avec une pierre très large posée dessus.

Ces monuments servaient aussi de caveau circulaire, tête au centre, pieds vers l'extérieur en forme de roue, symbole du soleil.

Dans l'enceinte même du Mont Sainte-Odile plusieurs cultes y furent célébrés, aussi celui des Celtes ou Romains. Nous retrouvons les traces d'un oppidum gaulois et celles d'une citadelle romaine et castellum. Sans doute les pèlerins venaient-ils honorer Rosmerto, déesse des régions de l'est. Sainte-Odile hérita des vertus successives et accumulées de ce paysage et de ses passagers.

Sur l'ensemble du plateau apparaissent de nombreuses roches qui ont été considérées par certains comme des lieux de culte ou des autels consacrés aux divinités, comme ce fut le cas probablement pour celui de ce fameux dolmen appelé Grotte des Druides avec ces trois blocs de pierres de grandes dimensions, assemblés en forme de table. A proximité, une galerie couverte semble rejoindre le mur païen. Nous l'appelons couloir dolménique, un terme mégalithique. Cette table est proche du mur païen, aux abords ouest, à 10 mn du couvent, ombragée par les quelques résineux, hêtres et fougères. Un banc a été installé presque face à l'ouverture. L'on peut s'y reposer un bon quart d'heure, son rayonnement y est profitable. Nous le situons à + 24.

Son origine se situe bien avant l'ère du christianisme, donc à une époque pré-celtique.

Cet édifice naturel, servait-il au culte du dieu Vogesus ? Nous découvrons, au fur et à mesure de notre promenade, le spectacle grandiose des roches, qu'elles soient façonnées par des forces érosives ou géologiques, toutes ne sont pas d'origine naturelle, beaucoup furent créées volontairement par la main de l'homme.

Ces Dolmens placés sur les courants telluriques, servaient de table à messages par télépsychie, ou même par coups frappés sur la pierre. Ce message diffusé sur la ligne du courant, pouvait être capté par l'intéressé. C'est pourquoi, César dans ses « commentaires sur la Guerre des Gaules » s'étonnait toujours de voir les Gaulois aussi vite informés de ses mouvements. Ces menhirs, dolmens, tumulus, pierres à bassin et tombes mérovingiennes sont riches en histoire. Retenons surtout la Roche du Panorama, avec ses dix mètres de hauteur de roches gréseuses. De cette plate-forme nous découvrons, suivant le temps, un des plus séduisants panoramas de sapinière verte et de riches vallées.

La chapelle des roches du Mont Sainte-Odile

Cette roche a une autre particularité : elle est située sur un des points vibrants.

Quel fut son rôle au cours de son histoire ?

Quoi qu'il en soit, sa vibration marque un champ vibratoire assez intense + 26. (Restez-y 10 mn).

Nous recommandons toujours mesure et prudence dans des endroits aussi accidentés.

Dans la paroi de ce rocher est encastrée une plaque à la mémoire de Kurt Mündel, auteur du guide des Vosges à qui l'on doit de nombreux tracés et balisages dans les forêts.

Un autre point particulier et intensif se trouve à l'emplacement de l'ancienne chapelle des Roches.

Nous mesurons son champ vibratoire à + 28. Elle est à 3 mn du couvent et se découvre juste après les grandes roches qui portent le chemin de croix, direction du mur païen. Cette chapelle était surélevée, il n'en reste plus qu'une simple plate-forme circulaire, avec un semblant de dallage et 3 bancs vous invitant au repos dans un flux d'ondes bénéfiques.

Sur ces emplacements prenez toujours les vibrations à petites doses, n'y restez pas des heures. 10 à 15 mn suffisent pour les organismes sensibles et encore moins pour d'autres, suivant la sensibilité de chacun.

La tradition voudrait que cette chapelle fut édifiée sur un ancien temple païen, d'époque gallo-romaine, 6 colonnes y furent découvertes au XVIe siècle.

Ce « Mont Lumière », parc naturel, est d'une grande richesse pour le visiteur, promeneur, pèlerin, car ce haut lieu est encore chaud de tout un passé culturel, historique et religieux. C'est un peu l'âme de cette Alsace où chacun peut venir puiser, selon ses richesses propres, bienfaits spirituels et physiques.

CHAPELLE SAINT-SÉBASTIEN

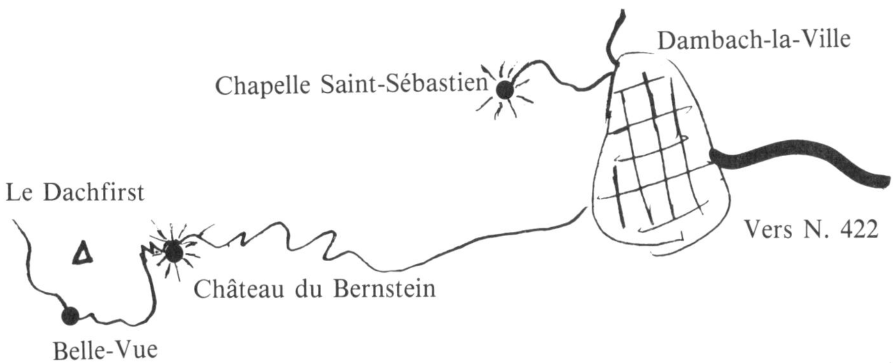

SAINT-SÉBASTIEN ET LA FORÊT MAGIQUE DU BERNSTEIN

Le splendide vignoble de Dambach-la-Ville et la coquetterie de son bourg éclipsent un peu la vénérable chapelle Saint-Sébastien, véritable joyau culturel. Seule rescapée du village disparu d'Oberkirch, cette chapelle est étroitement liée à l'histoire du Bernstein, illustre et légendaire château du Moyen Age, s'élevant plus haut dans la montagne. Il n'y a trace de la chapelle Saint-Sébastien qu'aux environs du XIIe siècle. Pourtant, d'après la situation cosmo-tellurique, cette chapelle, accrochée à un promontoire du massif vosgien, a vraisemblablement été construite sur un ancien sanctuaire.

L'Onde de Vie, mesurée au géodynamètre, atteint + 18.

Autrefois, la chapelle Saint-Sébastien était l'église paroissiale d'un village disparu lors du siège du château du Bernstein en 1227 par l'évêque de Strasbourg, Berthold de Teck. Les villages d'Oberkirch et d'Altenwiller furent ravagés, pillés et incendiés et leurs malheureux habitants se regroupèrent en une nouvelle agglomération, le Dambach d'aujourd'hui.

Il subsiste encore aujourd'hui des vestiges, des remparts et trois tours bien conservées, construites entre 1328 et 1340.

Sous la chapelle, le caveau abrite les ossemements de paysans tués lors de la guerre des paysans en 1525 lors de la bataille de Scherwiller qui opposa 20.000 campagnards aux troupes du duc de Lorraine. Dans cette bataille 12.000 paysans se firent massacrer.

Curieuse destinée de ce haut lieu vibratoire qui, le lundi de Pâques 1962, entièrement rénové, a été rendu aux fidèles et aux visiteurs, grâce à la « Confrérie Saint-Sébastien » qui veille à la conservation de la chapelle et en assume l'administration à titre de propriétaire.

Le château du Bernstein

La forêt du Bernstein

Le chœur de la chapelle abrite un prestigieux maître-autel, scultpé entre 1630 et 1692 qui représente tout en haut, Dieu le Père étendant ses bras protecteurs, en dessous plane la colombe symbolisant le Saint-Esprit. La sainte famille, plus bas est entourée par les parents de la Vierge Marie, Sainte-Anne et Saint-Joachim qui contemplent, ravis, l'Enfant Jésus, debout, entre ses parents. Le tout est entouré d'une luxuriante décoration de guirlandes de fleurs et de fruits, de feuillages et de grappes de raisin. A l'extérieur de la chapelle, en contrebas, on peut admirer une intéressante construction datant du XVIIe siècle qui a abrité une source thermale, aujourd'hui tarie.

Selon la légende, plusieurs guérisons miraculeuses s'y seraient produites en relation avec les dévotions à la chapelle Saint-Sébastien. Cette source thermale et miraculeuse, symbole de vie, confirme la présence d'un important lieu de culte antique.

L'eau de la source bénéficie du magnétisme cosmo-tellurique du haut lieu vibratoire et devient en quelque sorte une eau magnétisée par une forme de radioactivité positive et bénéfique.

Les rescapés du village d'Oberkirch qui choisirent d'élire domicile dans l'actuel village de Dambach-la-Ville avaient un sens développé de la nature et une connaissance des lois cosmo-telluriques ou étaient guidés par une main céleste.

En effet, l'importante faille géologique, venant du Massif Central et traversant l'Alsace, touche uniquement le bas du village où s'élèvent (malheureusement) quelques constructions neuves.

Un sentier quitte ce lieu de méditation et de régénération et monte vers les ruines du château de Bernstein. Au début du chemin on découvre une très belle vue sur Dambach-la-Ville et les vignes.

L'Onde de Vie du château est intéressante étant donné qu'elle dépasse + 13 au géodynamètre.

Du château, un chemin tortueux s'engage dans la montagne et conduit à la forêt que nous avons qualifiée de magique. Elle recèle de nombreux rochers et amoncellements d'énormes blocs de pierres, pourvues de très bonnes radiations qui feront le bonheur des « pendulants ». Un rocher, connu sous le nom de « Bellevue », est surmonté d'un belvédère en bois qui offre une « belle vue » sur les environs.

Cette roche possède une onde de Vie de + 18. Toute la partie de la forêt supérieure à ce rocher, la forêt magique, surprend par le climat particulier qu'engendre l'harmonie cosmo-tellurique.

Les alentours du belvédère sont parsemés de grosses roches aux allures étranges, dont certaines bénéficient d'une Onde de Vie atteignant + 28 au géodynamètre.

Ce site, empreint de mystère, sur lequel flotte une curieuse impression de « vécu », semble avoir été un lieu de rassemblement dans un but spirituel ou réservé à un mystérieux culte antique.

EBERSMUNSTER : ANCIEN SANCTUAIRE DÉDIÉ A MERCURE

A l'est de la chapelle Saint-Sébastien de Dambach-la-Ville, on aperçoit, au loin, trois bulbes insolites se détachant dans le ciel du Ried.

Ce sont les trois clochers de l'église abbatiale d'Ebersmunster, « le monastère des sangliers ».

Il doit son nom à une légende qui veut que le fils du roi Dagobert, cruellement blessé par un sanglier, lors d'une partie de chasse, aurait été sauvé par Saint Arbogast, évêque de Strasbourg.

Ebersmunster

EBERSMUNSTER

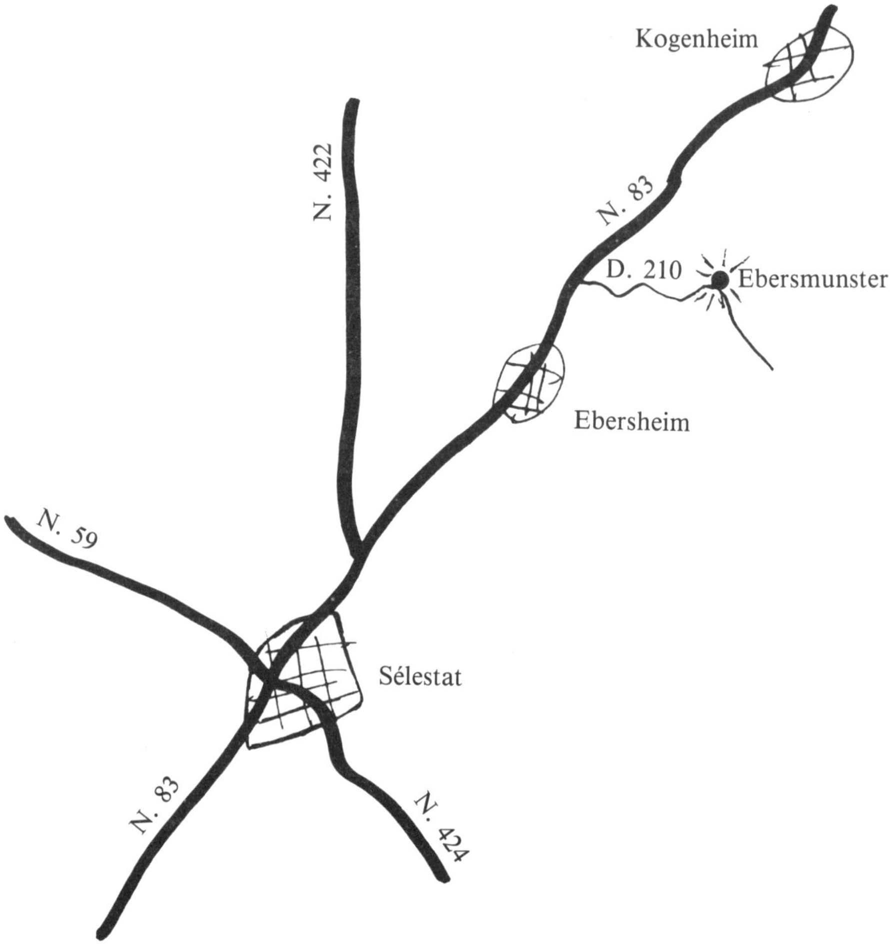

L'abbaye d'Ebersmunster fut l'une des plus célèbres de la province.

L'Onde de Vie de l'église et de l'ancienne abbaye, maintenant un institut médico-pédagogique, varie entre + 20 et + 25 au géodynamètre, ce qui est fort surprenant pour cette région.

En effet, le Ried ne possède pas un équilibre cosmo-tellurique spécialement positif engendrant une Onde de Vie particulièrement saine.

Ce « plat pays », sillonné par des cours d'eau qui alimentent l'Ill et où la nappe phréatique se localise à une faible profondeur, est un tableau vivant de cultures, de prairies et de marécages, lieux de prédilection pour les saules et les peupliers qui affectionnent les terrains humides.

Dans cette contrée, sujette aux perturbations vibratoires, la détermination de l'emplacement pour la construction de l'abbaye d'Ebersmunster paraît avoir été le résultat d'une profonde étude cosmo-tellurique par les bâtisseurs de l'époque.

Cette hypothèse semble être démentie par la tradition.

Selon elle, le premier sanctuaire aurait été aménagé dans les ruines d'un temple de Mercure. D'après les recherches historiques, l'abbaye aurait effectivement été fondée sur un ancien habitat gallo-romain, situé au bord de l'Ill, appelé « Novientum ».

Dans le processus d'occupation et d'utilisation des hauts lieux vibratoires, nous retrouvons toujours la même approche.

Les premiers chrétiens utilisèrent les anciens sanctuaires « païens » des Romains qui eux-mêmes n'avaient fait que reprendre les lieux de culte celtiques.

Il paraît évident que les Celtes avaient eux aussi repris d'anciens sanctuaires, issus d'une autre civilisation, extrêmement avancée, possédant la connaissance des lois de base de la vie et de la nature.

L'abbaye d'Ebersmunster aurait été fondée dans les dernières années du VIIe siècle par le père de Sainte Odile, le duc Adalric qui la dota richement. C'est l'évêque irlandais, Saint Dié, qui assura l'organisation de l'abbaye.

Pendant la Guerre de Trente ans, en 1632, les Suédois assiégèrent Benfeld, ravagèrent et incendièrent l'abbaye.

L'église actuelle, de style baroque, offre une image étrange par le contraste de ses couleurs blanches et roses et par les silhouettes de ses trois clochers insolites se découpant dans le ciel de la plaine. Les gros œuvres de cet édifice ont été achevés en l'année 1727.

L'église abbatiale d'Ebersmunster est un monument unique en son genre dans la contrée. Très lumineuse, décorée de meuveilleuses peintures et sculptures, elle abrite un fort intéressant mobilier du XVIIIe siècle.

Les caractéristiques cosmo-telluriques du site confèrent à ce lieu de prière et de recueillement, une particulière atmosphère d'élévation.

LE TAENNCHEL : CENTRE INITIATIQUE

Lié aux légendes et aux récits populaires les plus fantastiques, le massif du Taennchel ne semble pas prêt à dévoiler son mystère.

Une dizaine de rochers gigantesques et insolites « peuplent » cette forêt, empreinte d'un souffle venu de l'aube de la vie.

Ces formations rocheuses très pittoresques sont des roches gréseuses parmi lesquelles domine le conglomérat.

D'une altitude avoisinant les 960 mètres, le plateau du Taennchel bénéficie d'une Onde de Vie moyenne mesurée au géodynamètre de + 24 et, fait spectaculaire, certaines roches sont pourvues d'une radiation de + 28 à + 35.

LE TAENNCHEL

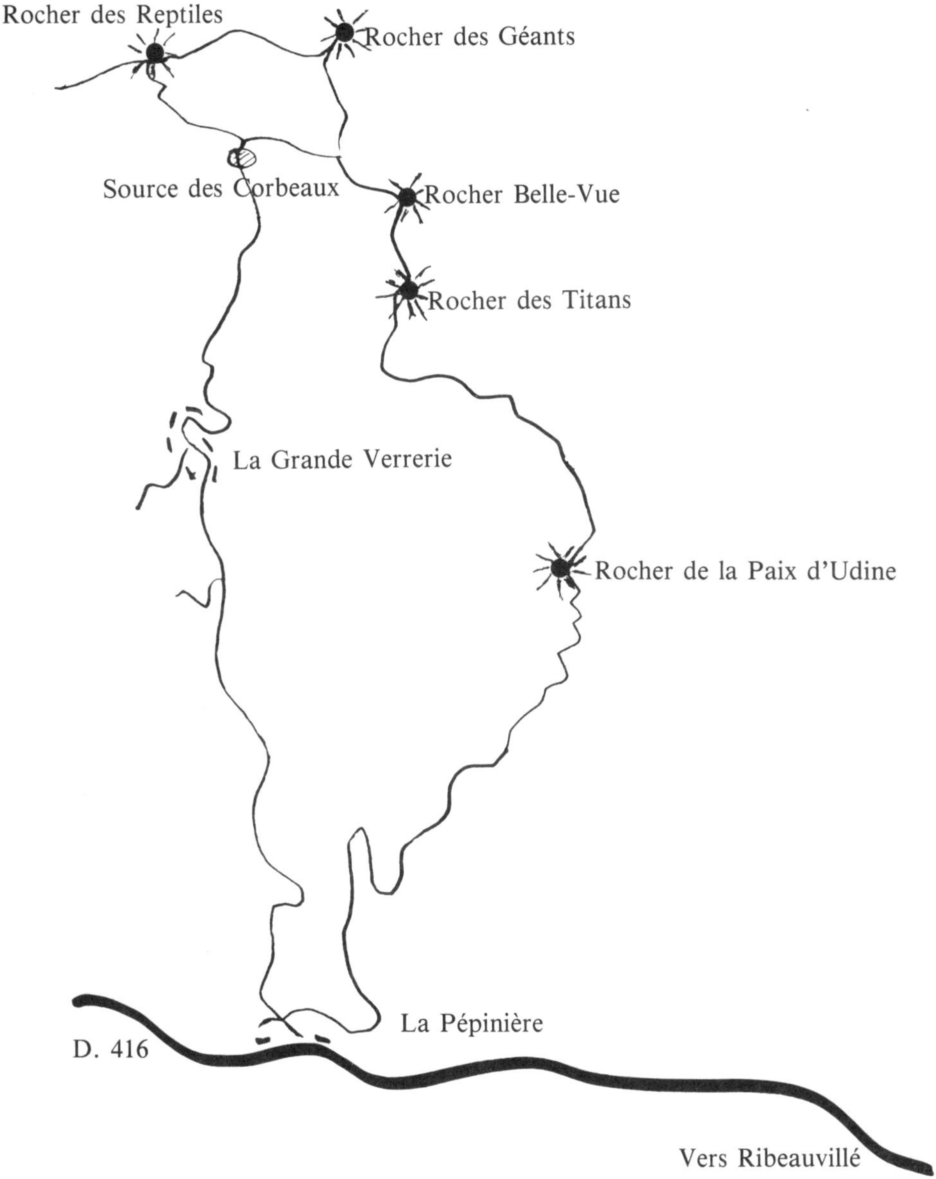

Un rocher possède une Onde de Vie atteignant + 45. C'est un cas unique en Alsace et même extrêmement rare sur l'ensemble de la planète.

L'accès de certaines de ces roches, vu la forte puissance de leur intensité vibratoire, est réservé aux êtres qui sont en mesure d'opérer une alchimie entre leur propre taux vibratoire et l'Onde de Vie du lieu.

Les particularités vibratoires du Taennchel en font un véritable centre initiatique.

L'origine du nom Taennchel en apporte la confirmation : « Taennchel » ne vient pas de Thannen — sapins comme l'on pourrait facilement le penser, mais de Taen — tan, l'écorce de chêne pulvérisée, qui est à mettre directement en relation avec « chêne ».

Ce qui signifie que le massif du Taennchel était recouvert de chênes.

Le chêne, symbole de puissance et de force, nous place dans le contexte des forêts magiques peuplées de mages, de druides ou d'adorateurs de pierres.

Une confirmation de l'origine du nom Taennchel se trouve dans les archives des Ribeaupierre où l'on peut découvrir, dans d'anciens contrats, la mention « droit de glander » (ramasser des glands).

Le Taennchel était la propriété des Ribeaupierre jusqu'à la Révolution.

Il est surprenant de constater que ces puissants seigneurs résidaient et évoluaient sur des terres harmonieusement équilibrées sur le plan cosmo-tellurique.

C'était peut-être le secret de leur prestige.

Géologiquement la crête du Taennchel fait partie des Vosges moyennes ou Vosges centrales. Elles montrent des terrains ou des roches diverses et d'âges très différents.

C'est le grès rouge et le conglomérat qui couronnent le Taennchel dans sa plus grande partie et qui donnent à celui-ci sa physionomie et ses rochers sculptés par l'érosion.

Mais toutes ces roches sont-elles uniquement taillées par la main de la nature ? Certaines « touches humaines » y ont fort probablement été apportées.

Située à l'ouest de Thannenkirch, la crête du Taennchel est accessible par ce même village ou par la croix de Ribeauvillé qui se trouve au nord de la N 416 reliant Ribeauvillé à Sainte-Marie-aux-Mines.

Pour bien « comprendre » ce site fantastique, il faut visiter la forêt du Taennchel en ayant à l'esprit la merveilleuse légende de l'anneau :

« Il y a quelques millions d'années, la mer recouvrait la plaine rhénane et seuls quelques sommets vosgiens émergeaient de cette immense étendue d'eau.

D'intrépides navigateurs venus des pays du Nord descendaient par ce vaste chenal constitué par les Vosges et la Forêt-Noire vers le continent Sud pour y chercher des produits du soleil.

Il était devenu tradition pour les équipages nordiques d'effectuer une escale à l'aller sur une île qui les fascinaient et qu'ils pensaient être habitée par un dieu.

Les marins lui confiaient leur destin et lui demandaient sa protection pour ce long voyage.

Cette montagne, bien plus tard, reçut le nom de « Taennchel ».

Au retour les navigateurs s'arrêtaient à nouveau à « l'île du dieu » et le remerciaient d'avoir veillé sur eux.

Ils avaient pris l'habitude, lors de leurs escales, d'amarrer leurs vaisseaux à un immense piton rocheux qui émergeait de la mer.

Mais un jour les eaux baissèrent et les marins venus du Nord ne purent plus descendre au « pays du soleil ».

Encore aujourd'hui, au sommet de la Roche Pointue du Taennchel, on peut voir la trace de l'amarre, en souvenir du passage de ces peuples nordiques ».

Cette vieille légende qui nous emmène à l'aube des temps symbolise parfaitement la destinée magique et sacrée du Taennchel.

Il faudrait consacrer une journée entière à la découverte du Taennchel.

Une journée pendant laquelle les promeneurs pourront bénéficier, tout en savourant le plaisir de la découverte, de l'air pur de la montagne et d'une séance de magnétisme cosmo-tellurique.

Nous ne présenterons que quelques roches parmi les nombreuses qui ne manqueront pas de captiver les « curistes » et dont chacune mérite une visite.

A la pointe sud du massif on découvrira le rocher « A la paix d'Udine » en forme d'autel. D'une longueur de cinq mètres sur presque deux mètres de hauteur et de largeur, ce rocher a la particularité d'être en grès rose quartzeux à grain fin avec de très fines paillettes d'hématite.

Il commémore le traité de la paix de Campo-Formio signé en 1797 dans la province d'Udine.

En remontant vers le nord, le gigantesque « Rocher des Titans » fascinera par ses énormes cubes de grès qui semblent avoir été empilés dans un but mystérieux par des Titans.

L'Onde de Vie de ce rocher est très bonne mais l'exposition ne doit pas dépasser quinze minutes.

Plus loin, le « Rocher Bellevue », à l'est du « Mur païen », forme un promontoire sur la crête et offre une belle vue sur le Haut Koenigsbourg et les environs.

La forêt du Taennchel

Le Taennchel
Le rocher des Titans

Le « Mur païen » est ce mur de pierres long de deux mille trois cents mètres, qui relie le « Rocher d'Udine » au « Rocher des Géants ». Large d'environ un mètre quatre-vingts, ce « rempart » semble être un banal mur de délimitation construit aux environs du XVe siècle.

Au nord du Taennchel le « Rocher des Géants », d'une hauteur de seize mètres, comporte sur la plate-forme supérieure plusieurs cuvettes naturelles.

Appelé aussi « Roche des Fées », il est lié à la légende qui veut que les Fées, à l'aide d'une complexe formule magique, avaient crée un pont qui reliait le Taennchel à la Roche de Chalmont, de l'autre côté du Val-de-Lièpvre.

Tous les matins, au lever du jour, les fées devaient réciter la formule magique pour que cet immense pont reste en place.

Mais un jour, elles oublièrent un mot lors de leur incantation matinale et le pont s'écroula...

Le « Rocher du Crocodile », à l'ouest du « Rocher des Géants » est une majestueuse falaise de grès rose.

Sur le plateau supérieur, l'un des rochers placé en équilibre fait penser à un crocodile géant. On remarquera sur la plate-forme avancée une mystérieuse inscription gravée dans la roche.

La « Roche des Trois Grandes Tables », sur la crête du Taennchel, à l'ouest du « Rocher des reptiles », est formée de trois énormes blocs de grès qui font penser à des tables.

Le plus important de ces rochers porte le nom de « Rocher des Anneaux ». Deux anneaux de fer, comportant des inscriptions, ont été scellés au siècle dernier.

On affirmait aux enfants des environs que pendant le déluge, Noé était venu amarrer son arche à ces anneaux.

On y accède au moyen d'un escalier de fer et de crampons.

Les plate-formes supérieures offrent une très belle vue panoramique.

Au fur et à mesure que nous parcourons le massif vosgien, nous y décelons des forces qui semblent vouloir retenir nos pas.

Arrêtons-nous à celles de ce plateau du Taennchel avec ses structures puissantes et fascinantes, de ces blocs aux différents aspects d'où semble s'irradier des forces mystérieuses et régénératrices.

Quand nous allons à sa découverte par la route principale, une de ses faces, dominante, formerait une pyramide presque parfaite de végétal.

Pareil à un sphynx, ce plateau se dresse majestueux et puissant dans sa forme vibratoire.

Il semblerait qu'en certains points forts de la planète, des lieux se prêtent plus volontiers à des échanges spatiaux-temporels. Tel était peut-être l'unique secret de cette petite plate-forme voici quelques millénaires.

Que représente l'homme face à ce temps, quand on sait que notre planète a des milliards d'années et que la formation glaciaire vosgienne s'est arrêtée voici quelques millions d'années ?.

Bien des peuples et civilisations ont depuis foulé les sols et sentiers de nos montagnes et plaines. Mais combien se sont arrêtés pour méditer devant les strates de nos roches et de leur évolution ?

Comme il serait riche et merveilleux de pouvoir faire parler l'histoire à travers ces roches et pierres qui sont si souvent foulées négligemment, sans prêter attention à leur vie et aux murmures infinis de leurs cristaux.

Que savons-nous de nos origines, de notre temps, de notre planète, nous qui spéculons sur une science spatiale, de matériel lourd ?

Notre devoir serait de nous arrêter et de consulter le grand arbre généalogique de notre temps planétaire, ses formes et vibrations au-delà de notre terre, que de vouloir aller extirper, au plus profond de sa matière, ses énergies, sans respect, en la souillant et en la négligeant dans sa nature propre - voire ses immenses forêts livrées à leur solitude.

Notre histoire nous apparaît tout doucement malgré les quelques hésitations du carbone relevé à travers nos roches - pierres frustes mégalithiques et ses monuments célèbres sur la planète à savoir la pyramide de Chéops en Egypte dont on fait remonter les origines à près de 4.000 ans.

Sur d'autres écrans apparaîtront bientôt peut-être d'autres civilisations englouties qui laissent déjà entrevoir des fragments de cités par ces immenses murs cyclopéens et autres monuments et du pouvoir qu'avaient nos ancêtres sur la matière des fluides.

Si nous foulons l'âge et l'histoire, nous devons penser qu'il serait temps de mettre notre horloge cosmique en éveil, en faisant appel sur ces lieux à nos sens extra-sensoriels, ceux du « Perçu », pour être prêts un jour à recevoir une autre forme de savoir, plus subtile que celui du gros de la matière que nous exploitons, sans mesure, et dont la nature accuse les premirs symptômes de dégénérescence et ne saurait que faire de ces surplus dans les générations à venir.

Nous avons des mondes merveilleux en nous, non exploités, qui tournent sans émissions d'écoute au profit d'un monde mécanisé, trop ouvert vers un extérieur. Alors que nous avons un merveilleux passeport établi depuis les âges, arme fantastique, atome ultime des temps à venir face à des mondes ignorés : celui de l'Amour.

Si chacun voulait se reconsidérer, s'unir, il pourrait créer un véritable courant de force... en reprenant sa place glorieuse et noble auprès de la pensée créatrice et divine qui a su déposer en chacun de nous une partie de cette énergie puissante pour faire de nous des alliés à l'unité.

Nous sommes énergie, rayonnement, vibration et chacun de nous est unique. Donc méditez sur ces lieux choisis, à l'écoute de vous-mêmes.

Chaque lieu est un tempérament différent, un monde différent qui saura se mettre en harmonie avec vous.

Préparez-vous à cette rencontre de vous-même par des silences, car vous avez des espaces où tout s'arrête, se suspend.

Ce sont ces couloirs qui s'ouvrent à vous pour vous permettre d'atteindre cette vibration musicale et sonore, échelle placée d'un temps à un autre, pour rejoindre l'onde pure et cristalline qui fera de vous un être prêt pour l'évolution cosmique des temps.

LE « CHARME » DE DUSENBACH

Dans un merveilleux écrin de verdure, le vallon de Dusenbach respire la fraîcheur et la plénitude. Ce site, en parfaite harmonie avec la nature et les lois cosmo-telluriques, a attiré des ermites depuis les temps les plus reculés, mais il ne reste nulle trace de leur passage avant le début du XIIIe siècle.

Les êtres qui se vouent à la contemplation ne choisissent pas un endroit en tenant compte uniquement de la beauté du site, mais il faut qu'ils ressentent, du plus profond de leur intérieur, une harmonie vibratoire avec les lieux.

Cette harmonie, ou cette communion, n'est possible que dans la mesure où la résonance du lieu est positive, c'est-à-dire qu'il existe un équilibre parfait entre les ondes cosmiques et les ondes telluriques.

Plus la vibration interne de ces êtres est élevée, plus ils choisiront d'élire domicile dans des endroits où l'interférence cosmo-tellurique est très puissante.

NOTRE-DAME DE DUSENBACH
LE CHÂTEAU DU GIRSBERG

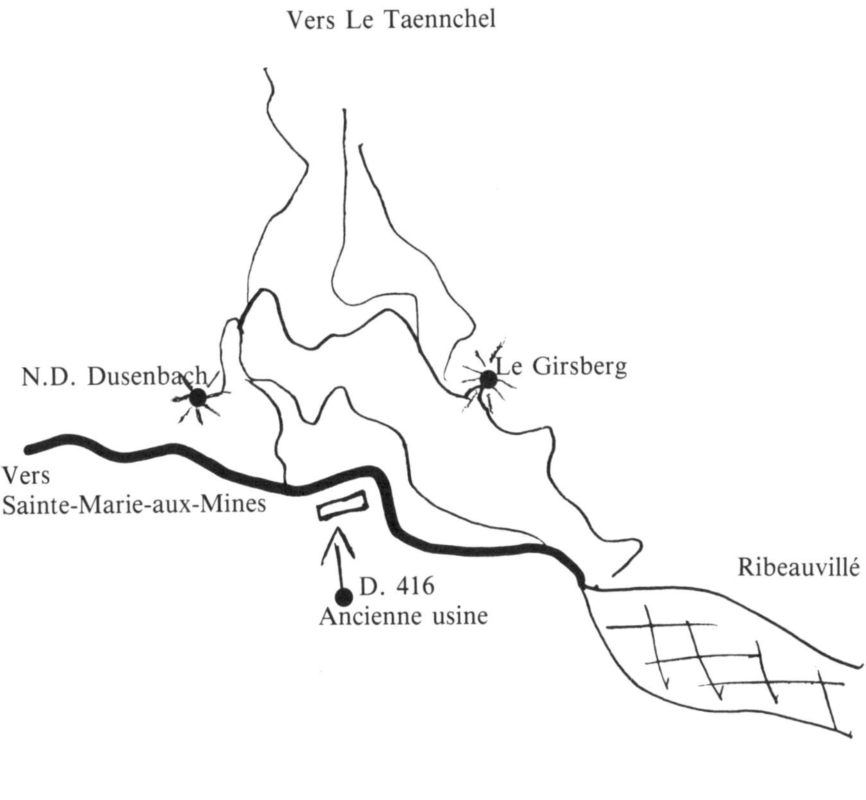

C'est, en quelque sorte, leur propre taux vibratoire qui doit s'harmoniser avec le taux vibratoire, l'Onde de Vie du lieu pour créer, par une forme d'alchimie, une autre dimension.

De nos jours il est fréquent d'entendre au sujet de deux personnes qui se côtoient, l'expression aux termes très parlants : « le courant passe (ou ne passe pas) » Quand « le courant passe » entre deux ou plusieurs individus, penchés sur un problème ou sur des travaux, il se crée un climat positif généralement très constructif.

Toujours la loi d'attraction des semblables.

Au sujet des lieux, c'est la même chose. En principe ce sont les campeurs qui ressentent le mieux ce phénomène. Plus habituées à percevoir la nature, ces personnes nous ont effectivement confirmé qu'à certains emplacements, non seulement elles se « sentent mieux » qu'à d'autres, mais elles ont l'impression d'être « aimantées » à certains endroits alors qu'à d'autres il leur semble être « rejetées ».

Les personnes proches de la nature constatent un autre phénomène qui remet en question tout le principe et les notions du « beau » et de la « beauté » des sites.

En visitant certaines contrées relativement modestes il semble à ces personnes que « quelque chose » se dégage de ces lieux et les rend très denses, voire magnétiques. Et sans qu'ils soient spécialement « beaux » ces sites sont extrêmement attirants.

Alors que les lieux touristiquement réputés leur paraissent fades, comme s'il ne subsistait plus d'étincelle de vie.

Certains lieux auraient-ils du charme ?

Un charme magnétique.

Nous le pensons sincèrement.

Le vallon de Dusenbach allie le charme à la beauté du site. Une merveilleuse contrée où les promeneurs peuvent décou-

Notre-Dame de Dusenbach

vrir ce lieu de pèlerinage, s'y recueillir et bénéficier du « charme » cosmo-tellurique.

Quatre chemins conduisent de la route Ribeauvillé - Sainte-Marie-aux-Mines à Dusenbach :

— Au fond de la vallée, l'ancien chemin des pèlerins qui longe le torrent en passant à côté des ruines du premier chemin de Croix. Le promeneur a la très agréable surprise, en sortant du creux de ce ravin, d'apercevoir à l'orée du bois le surplomb majestueux de la chapelle.

— Le chemin Sarassin qui est la route forestière qui contourne le pèlerinage.

— L'actuel chemin de croix situé entre les deux chemins est un raidillon qui conduit au sanctuaire.

— Un chemin quitte la route nationale à la sortie de Ribeauvillé et conduit le pèlerin à travers vignes et forêts.

En arrivant sur ce haut lieu vibratoire on découvre à droite la grande église de style néo-gothique, ouverte au culte depuis 1903. A gauche se trouve l'ensemble des édifices, couvent, chapelles latérales et chapelle de la Vierge.

La fondation du pèlerinage est l'œuvre des seigneurs de Ribeaupierre, anciens maîtres des châteaux dont les ruines dominent la contrée.

En 1221, Egelolphe de Ribeaupierre revint de la croisade et rapporta une statuette de la Vierge à l'ermite de Dusenbach.

Pour être revenu sain et sauf dans sa région et pour remercier Dieu de sa protection, il fit construire sur le rocher avancé une chapelle en l'honneur de la Vierge.

La surveillance du pèlerinage fut confiée à deux Frères.

La Vierge de Dusenbach, favorisée par son cadre naturel, devint dès lors un centre de pèlerinage recherché.

Vers 1260 une deuxième chapelle fut construite à côté de l'autre en raison de l'affluence des pèlerins.

Vers la fin du XIIIe siècle une troisième chapelle fut érigée par Anselme le Téméraire en guise de remerciement à la Vierge pour sa libération de la prison du château d'Alchalm en Souabe où il était enfermé suite à l'insurrection de la ville de Colmar.

En 1360 les « grandes campagnes » issues des soldats à la solde des Anglais pillent et ravagent la région et Dusenbach est détruit.

Le sanctuaire dévasté fut réparé et connut à nouveau l'affluence des pèlerins

Maximin II de Ribeaupierre, de retour d'un pèlerinage en Terre Sainte en 1484, décida de reproduire à Dusenbach les principales scènes de la Passion du Christ et le pèlerinage de Dusenbach fut consacré au culte de la Vierge douloureuse et de la Passion de son fils.

En 1632, Dusenbach connut une nouvelle destruction. Les Suédois du général Horn ravagèrent le pays et les lieux saints.

Leur haine sacrilège s'exerça tout spécialement dans les sanctuaires consacrés à la Vierge. Après la vague de pillage, les lieux furent reconstruits et en 1670 une église fut édifiée à l'emplacement de l'église actuelle.

A partir du XVIIe siècle, Dusenbach fut incontestablement le pèlerinage de la Vierge, le plus renommé en Alsace.

Après avoir subi les affronts et les outrages de la Révolution, Dusenbach ne fut restauré qu'en 1893 sous l'impulsion d'un prêtre allemand, selon les plans primitifs.

Dusenbach, dans son écrin de verdure, possède à l'entrée de la chapelle de nombreux ex-voto témoignant de la reconnaissance des pèlerins pour les grâces, guérisons et protections attribuées à l'intercession de Notre-Dame de Dusenbach.

Souhaitons que le « charme » de Dusenbach suscite d'innombrables témoignages.

LE NID D'AIGLE DU GIRSBERG

Juché sur une roche escarpée, le château du Petit Ribeaupierre est un véritable nid d'aigle, d'accès relativement difficile. Les ruines du Petit Ribeaupierre, en compagnie des vestiges du château Saint Ulrich et de ceux du Haut Ribeaupierre, couronnent la montagne qui domine Ribeauvillé.

L'Onde de Vie de la montagne, qui est à une lieue du Monastère de Dusenbach, avoisine les + 12 au géodynamètre.

C'est le château du Girsberg, le Petit Ribeaupierre, qui bénéficie de la radiation la plus puissante. Elle atteint + 19.

L'escarpement rocheux sur lequel est juché le château fait penser à une aiguille géante plongée dans les entrailles de la Terre pour capter l'énergie vitale au sein de la planète.

D'après les nombreuses trouvailles préhistoriques et romaines qui ont été recensées dans la région de Ribeauvillé, la contrée a été habitée bien avant 759, date à laquelle fut mentionnée pour la première fois Ribeauvillé.

En analysant l'Onde de Vie exceptionnelle qui irradie Dusenbach, les châteaux que nous venons de citer et le Massif du Taennchel, situé à proximité, au nord du monastère, il est bien probable que ces lieux aient connu la présence de l'Homme depuis les temps les plus reculés.

Le château du Girsberg, très mal conservé, était le castel de chasse de la famille des Ribeaupierre, illustre famille alsacienne. On y accède par le monastère de Dusenbach ou par Ribeauvillé, d'où deux sentiers, l'un ombragé par la forêt, l'autre par les vignes, quittent la ville pour mener aux châteaux. Une très belle excursion régénérante peut être envisagée au départ de la route de Ribeauvillé - Sainte-Marie-aux-Mines, en passant par Dusenbach puis en continuant vers les châteaux pour redescendre vers Ribeauvillé.

Les Trois-Epis

LES TROIS-ÉPIS

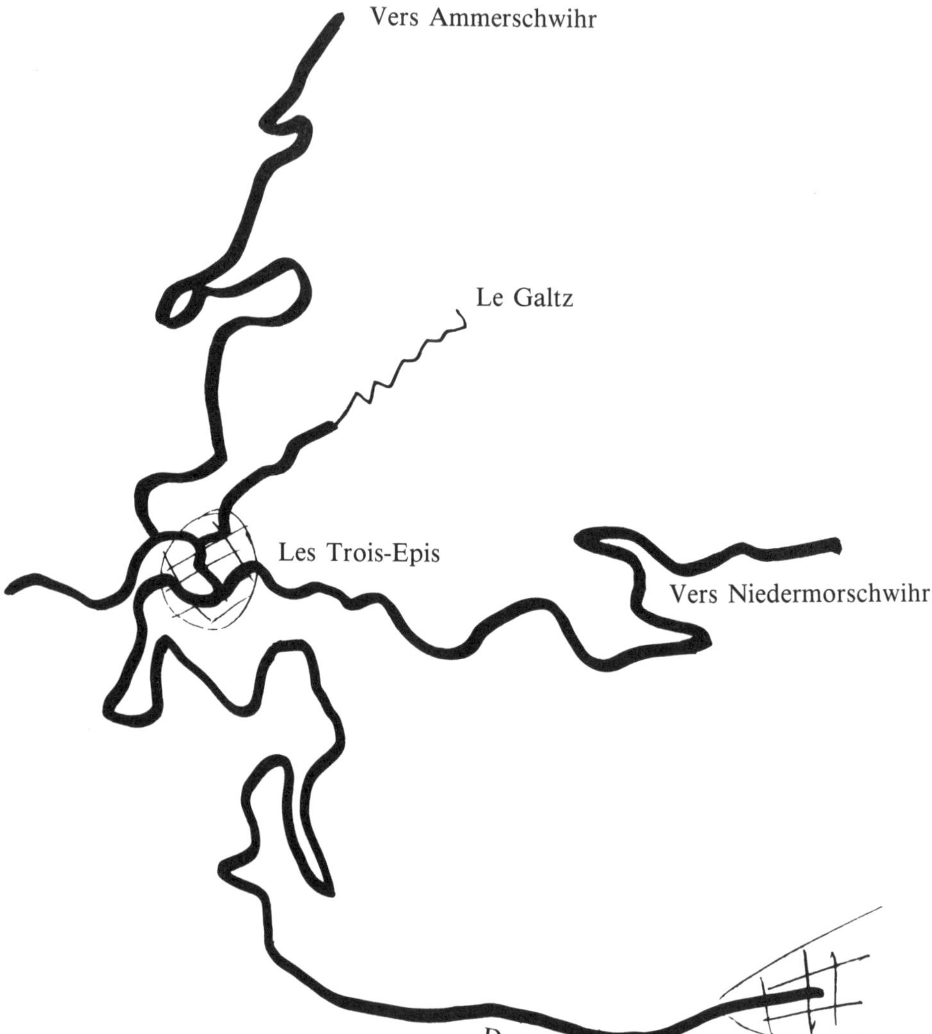

Il est peut être opportun de mettre les randonneurs en garde, aux abords des châteaux, contre les archers fantômes qui rivalisent d'adresse...

On raconte que les deux frères Ribeaupierre étaient de fins archers, réputés pour leurs prouesses au tir à l'arc. Leur passion était de parcourir la forêt à cheval et de chasser.

Un soir, en regagnant leurs châteaux respectifs, le Saint Ulrich et le Girsberg qui se font face, les deux frères décidèrent de partir le lendemain matin à la première heure à la chasse aux chevreuils. Ils convinrent que le premier levé réveillerait l'autre en lui envoyant une flèche contre les volets. Le lendemain matin, avant l'aurore, le plus jeune des frères qui habitait le château du Girsberg, surexcité à l'idée de la sortie de chasse, bondit hors du lit et se précipita vers la fenêtre pour réveiller son frère.

Il ouvrit son volet, arma son arc, banda ses muscles de toutes ses forces et décocha une flèche en direction du volet de la chambre de son frère au château de Saint Ulrich.

Au même moment, celui-ci ouvrit son volet.

La flèche le frappa de plein fouet et, blessé à mort, il s'écroula sur le rebord de la fenêtre. Profondément abattu, le jeune frère Ribeaupierre jura de ne plus jamais toucher un arc ou une arme.

Rongé par le chagrin, il passait ses journées à faire de longues promenades dans la forêt. C'est au cours de ces interminables randonnées que le jeune comte apprit à considérer les animaux de la forêt autrement que comme gibier à tuer.

Il s'efforça même à les comprendre et de leur parler avec son cœur. Biches et chevreuils devinrent ses plus fidèles amis et, petit à petit, lui firent oublier son terrible chagrin.

LES TROIS-ÉPIS

Les Trois-Epis, avec son altitude de 700 m, son bon air de sapin et son pèlerinage cinq fois séculaire, est un lieu prédestiné pour le repos et la régénération.

C'est la puissance de l'Onde de Vie de ce haut lieu vibratoire particulier qui permet la réalisation de ces bienfaits.

Dans le contexte de nos recherches et travaux, les Trois-Epis confirment quatre points de base se rapportant à l'Onde de Vie mesurée au géodynamètre :

1) le principe d'attraction des semblables qui a permis l'apparition de la Vierge ;

2) l'influence de l'Onde de Vie sur l'organisme qui contribue à la réputation de ce lieu pour ses effets bénéfiques ;

3) l'incidence positive de la Prière sur l'Onde de Vie ;

4) la répercussion négative des matériaux anti vie et de l'architecture anti nature.

Mais avant d'approfondir notre étude sur les Trois-Epis, référons-nous à la légende pour connaître l'origine de sa renommée.

C'est en l'an 1491 que la Vierge se révéla à un maréchal d'Orbey, Thierry Schoeré.

Dès l'aurore du 3 mai, le maréchal se dirigeait avec son cheval vers le village de Nierdermorschwihr pour acheter du blé à la foire.

Chaque fois qu'il empruntait ce chemin de terre battue qu'il connaissait bien, il s'arrêtait quelques instants au pied d'un grand chêne honoré de l'image du Christ en Croix. Humblement, il s'agenouillait et confiait au Sauveur ses tracas quotidiens et lui demandait de veiller sur les siens.

Mais voilà qu'une clarté resplendissante inonda la forêt et le plongea dans la crainte.

La Vierge revêtue de lumière se présenta à lui. Elle portait dans une main trois épis de blé et dans l'autre un morceau de glace.

Elle l'aborda en ces termes :

« Hâte-toi d'aller à Niedermorschwihr et exhorte les habitants à se pencher sur leurs pensées et leurs actions, qu'ils effacent les taches de leur vie passée par la pénitence et l'oraison publique. Annonce leur que s'ils ne se repentissent pas, leurs récoltes seront détruites par la grêle ».

Effrayé, le pieux homme répliqua timidement à la Vierge :

« Je ne suis qu'un pauvre maréchal, ces gens là ne me croiront jamais ».

« Les épis et ce glaçon que tu vois en mes mains donneront créance à tes paroles. Va... »

Et elle disparut.

Thierry Schoeré, se retrouva seul dans la forêt, le corps trempé de sueur.

Il était épouvanté à l'idée d'annoncer la nouvelle aux mécréants de Niedermorschwihr.

Néanmoins, il se dirigea vers le village. Mais arrivé sur les lieux il préféra se taire et se contenta d'acheter son froment. Quand il voulut charger le sac de blé sur son cheval pour le transporter à la maison, il trouva le sac... fort pesant.

Ne pouvant le bouger de sa place, le maréchal fit appel à l'assistance et aux forces des voisins. Malgré les efforts et la sueur des paysans, le sac demeura immobile, figé comme une statue de sel et le cercle de curieux s'agrandissait de plus en plus rapidement. Les badauds, attirés par cet évènement insolite, se pressaient autour de Thierry.

Celui-ci, se souvenant de la vision de la Mère du Christ, commença à pâlir.

Il leva les mains et les yeux au ciel en implorant son pardon et fit le récit de son incroyable aventure.

L'assistance fut émerveillée et on ordonna une procession à Notre-Dame de Kientzheim au village voisin. La nouvelle se propagea rapidement aux villages des alentours et bientôt la foule afflua.

La montagne miraculeuse prit le nom de Trois-Epis et une chapelle en bois fut construite à l'emplacement de l'apparition.

« ...Des pèlerins de tout genre et de toute condition accoururent aux Trois-Epis : pèlerins des diocèses de Bâle, Besançon, Strasbourg, Constance, Toul, Spire, Metz, etc. Certains, arrivés au pied de la montagne, même après un long voyage, se chargent de pierres et font en cet état, non sans grande fatigue, leur pèlerinage ; d'autres s'avancent nu-pieds, à travers les durs rochers, plusieurs enfin font l'ascension les bras en croix ».

En 1493, une chapelle en pierres, plus vaste, succéda à la petite chapelle.

Au cours des siècles, l'histoire de ce sanctuaire connut de nombreux rebondissements. Depuis 1874 ce sont les Pères Rédemptoristes qui président aux destinées de ce haut lieu de la prière.

— Les Trois-Epis bénéficient d'une Onde de Vie de + 22 au géodynamètre. C'est cette harmonie cosmo-tellurique qui a pu permettre l'apparition de la Vierge selon le principe d'attraction des semblables que nous avons analysé au début de cet ouvrage.

— Si l'altitude idéale de 700 m et le bon air des sapins font de ce site un lieu de repos et de détente, il faut tenir compte de l'influence de l'Onde de Vie qui en fait un réel lieu de régénération. Par son Onde de Vie « moyenne », un séjour sur ces lieux, de plusieurs semaines, peut s'effectuer sans inconvénient.

— L'Onde de Vie de la chapelle s'élève à + 28.

Pour expliquer cette augmentation de l'Onde de Vie en ce lieu, plusieurs hypothèses se présentent :

— à l'origine le point précis de l'Apparition possédait déjà une Onde de Vie plus importante, donc de + 28 ;

— initialement, l'Onde de Vie était de + 22 et a été amplifiée par la présence miraculeuse ;

— les pèlerins, par leurs prières et leur ferveur, ont augmenté l'onde de base.

Nous constatons cette dernière action dans la majorité des Hauts-Lieux de Prière.

Depuis 1968, à quelques pas de l'antique chapelle, une église spacieuse et... moderne a été construite pour accueillir le flot des pèlerins d'été.

Grande fut notre surprise quand nous y mesurâmes l'Onde de Vie : « + 18 ».

Autour de l'église, à l'extérieur, l'Onde de Vie atteint + 25 au géodynamètre. Réalisée en béton armé, selon une architecture disharmonieuse, qui ne respecte pas les lois naturelles des ondes de forme, cette « église » est la preuve formelle de la répercussion négative des matériaux antivie et de l'architecture anti nature sur l'Onde de Vie et la Vie en général.

D'après nos enquêtes, il s'avère que les pèlerins qui viennent aux Trois-Epis pour se recueillir et prier, préfèrent l'ancienne chapelle. Il leur semble qu'ils « communiquent » mieux que dans l'église. D'ailleurs, chaque être, pourvu d'un peu de sensibilité, ressent très nettement la différence entre les deux « atmosphères ».

Il semblerait que dans le domaine du « Sacré », vouloir allier harmonie — grandeur — esthétique et fonctionnel - soit une périlleuse entreprise.

Où sont les bâtisseurs d'antan ?

Aux Trois-Epis les possibilités d'occupation paraissent inépuisables :

— effectuer de longues promenades dans le calme,

— s'oxygéner dans la forêt de sapins,

— méditer dans la chapelle,

— découvrir la monumentale statue du Christ ouvrant ses bras sur la plaine et les montagnes,

— s'extasier au Galz devant le superbe panorama :

- la forêt à perte de vue,
- le vignoble,
- la Forêt-Noire,
- le château du Haut-Koenigsbourg,
- les châteaux en ruines,
- la ville de Colmar,
- la flèche de la cathédrale de Strasbourg.

LE TRIANGLE SACRÉ

Dans l'étude de l'axe magique, reliant le Grand Ballon au Champ du Feu, nous avons vu que ce courant bénéfique est produit par les polarités positives et négatives de ces deux montagnes.

Il en résulte une bande magnétique faisant bénéficier les zones traversées de son Onde de Vie positive.

De même, les montagnes sacrées, du Donon, du Mont Sainte-Odile et la montagne magico-sacrée du Champ du Feu sont entrées en résonance et un courant magnétique relie ces trois hauts lieux vibratoires.

LE TRIANGLE SACRÉ

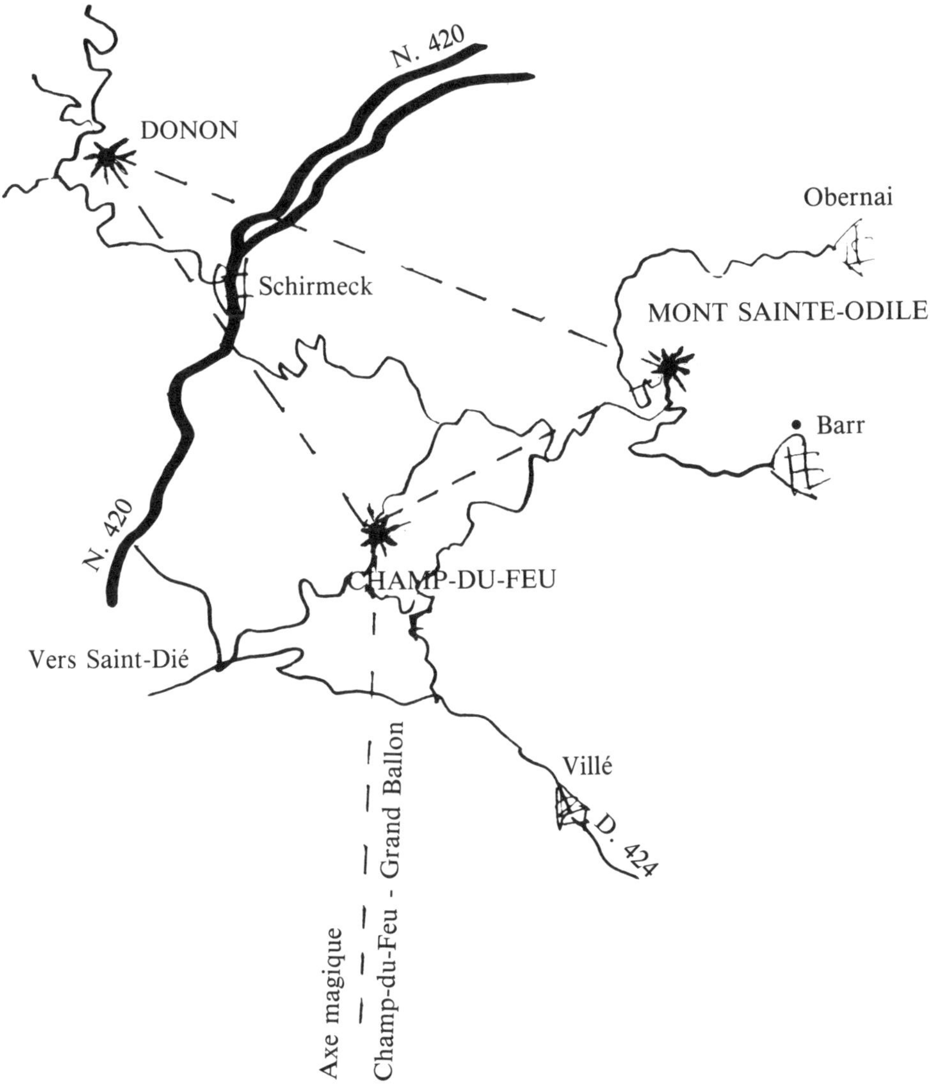

D'après la Radiesthologie, un circuit d'énergie circule entre les trois sommets selon le sens des aiguilles d'une montre.

Passant par le centre du plateau du Champ du Feu, l'axe magnétique traverse le bois de Wildersbach et la partie sud du village du même nom. Le terrain de camping de Rothau bénéficie de ce courant positif qui, par la partie ouest de Fréconrupt, rejoint Framont - Grandfontaine et la Montagne Sacrée du Donon.

Du sommet du Donon, il traverse le bois de Blanche-Fontaine, le nord de Schirmeck avec son préventorium et traverse les profondes forêts et bois jusqu'à l'ancienne Chapelle des Rochers du Mont Sainte-Odile.

De ce haut lieu vibratoire, la bande bénéfique passe au sud des ruines du château de Birkenfels au nord du Hohwald et rejoint la montagne magico-sacrée du Champ du Feu.

Cette bande ne mesure qu'une centaine de mètres de largeur et possède une Onde de Vie moyenne de + 24 au géodynamètre. A proximité de cette zone, l'intensité de l'Onde de Vie ne s'arrête pas brutalement mais décroît progressivement.

Nous précisons que cette Onde de Vie de + 24, mesurée au géodynamètre, varie légèrement sous l'influence de différents phénomènes. Selon la position de la Lune et du Soleil et suivant la pression atmosphérique, le géodynamètre indique une variation de l'intensité de l'Onde de Vie du courant magnétique du Triangle Sacré.

La Lune, le Soleil et la pression atmosphérique sont les trois éléments principaux qui contribuent à apporter une modification dans la puissance de l'Onde de Vie. Mais, selon le même principe, les autres planètes, dans des proportions moins évidentes, influencent l'intensité de l'axe magnétique. L'Onde de Vie, aussi bien pour les axes magnétiques qu'en général, voit son intensité varier selon le rythme des jours et des saisons.

En résumé, retenons que le Soleil augmente le phénomène positif de l'Onde de Vie et contribue à augmenter son intensité bénéfique. La Lune, au contraire, favorise l'élément négatif et accroît la négativité de l'Onde de Vie. Elle renforce l'action destructive des ondes nocives.

Il suffit d'observer les êtres autour de soi pour constater, qu'effectivement, les jours de nouvelle lune ou de pleine lune, certaines personnes sont perturbées et perturbantes. Généralement, les individus qui vivent sur des lieux sains, sur le plan cosmo-tellurique, sont moins sujets à ces influences négatives.

De même, en rétablissant l'équilibre des ondes dans une habitation, les personnes « lunatiques » se stabilisent et les incidences négatives sur leur caractère ou leur état général sont nettement moins évidentes.

Ce n'est pas un hasard si dans les légendes et les récits populaires, les nuits de pleine lune et de nouvelle lune sont liées avec les sabbats de sorcières ou les pratiques de magie noire.

Mais attention, il ne faut pas en déduire prématurément que la lune est mauvaise et que son influence est néfaste.

Pour les êtres sains et bien équilibrés, les effets de la lune sont extrêmement bénéfiques, à condition que l'exposition se produise sur des lieux bien équilibrés sur le plan cosmo-tellurique. Mais l'approche de la lune est totalement différente de celle du Soleil, aussi est-elle réservée à ceux qui « savent ».

Le Soleil, par contre, est assimilé au culte solaire, à la puissance positive, au rayonnement bénéfique. Au centre solaire de Stonehenge, en Angleterre, des milliers d'adorateurs du Soleil viennent chaque année, du monde entier, faire un pèlerinage en ce sanctuaire antique pour y célébrer le solstice d'été.

Un rite qui s'est perdu en Alsace et dans les Vosges.

C'est bien regrettable.

Quatrième partie

LIEUX MAGIQUES ET SACRÉS DU NORD « ALSACE-VOSGES »

LIEUX MAGIQUES ET SACRÉS
« ALSACE - VOSGES »
NORD

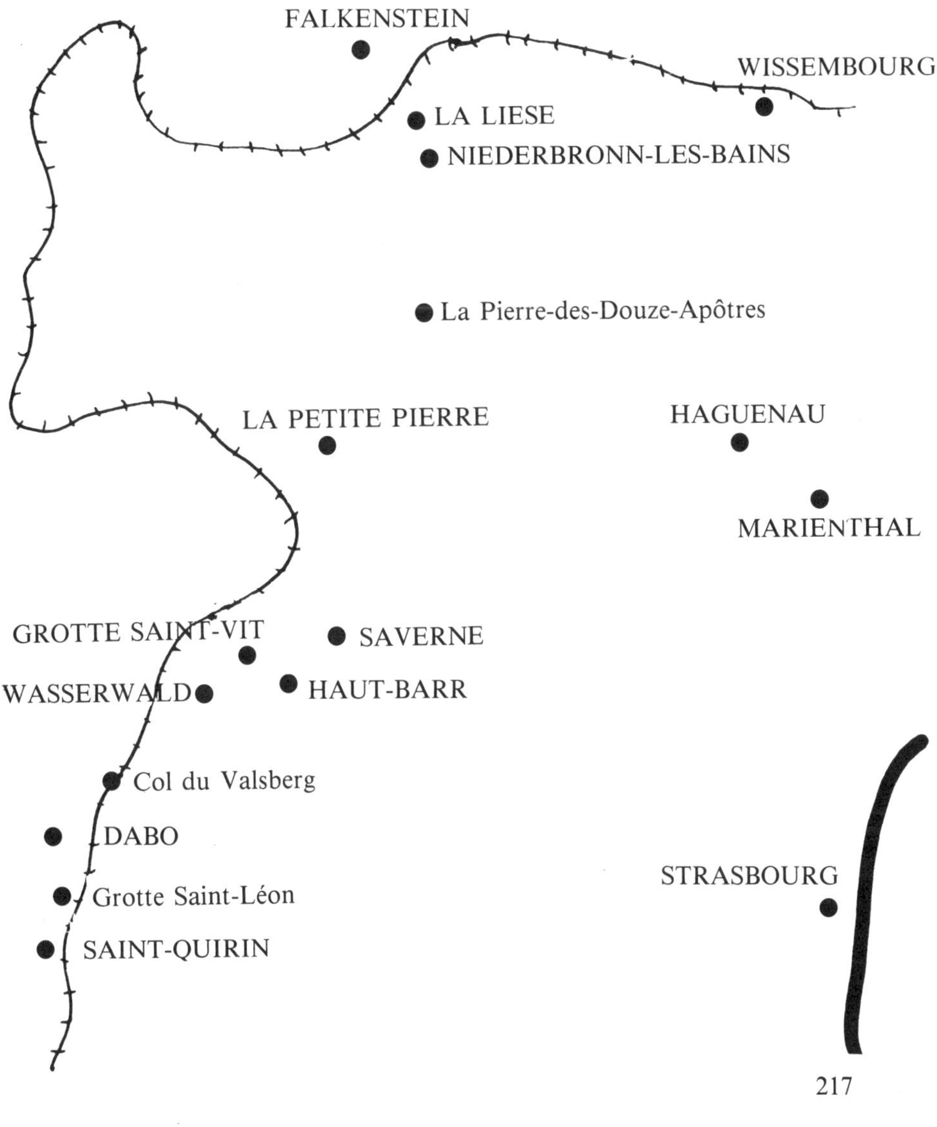

LA ROCHE DES FÉES ET LA GROTTE DU GÉANT

Le secteur ouest, entre le Donon et Saverne, a été occupé, au début de notre ère, par des peuplades gallo-romaines et, probablement bien avant, par des êtres porteurs d'une civilisation avancée.

Certaines hauteurs de cette région recèlent des sites historiques particulièrement intéressants qui attestent ces occupations.

Dans cette zone, l'équilibre cosmo-tellurique est harmonieux et l'Onde de Vie varie autour de + 12 au géodynamètre avec des « pointes » en certains endroits qui ont vraisemblablement été des lieux de culte antiques ou des sanctuaires.

Au nord-ouest du Donon, deux sites semblent avoir été façonnés par la nature dans un but de cultes ou de rites druidiques. Le cadre exceptionnel de ces lieux permet d'imaginer des druidesses officiant dans ces profondes forêts.

A l'ouest de Saint-Quirin, un chemin de pierres quitte la D. 993 et monte dans la forêt.

Le promeneur est généralement frappé par le climat serein qui imprègne la nature et qui lui donne l'impression de péné-

La grotte des fées de Saint-Quirin

LA ROCHE DES FÉES

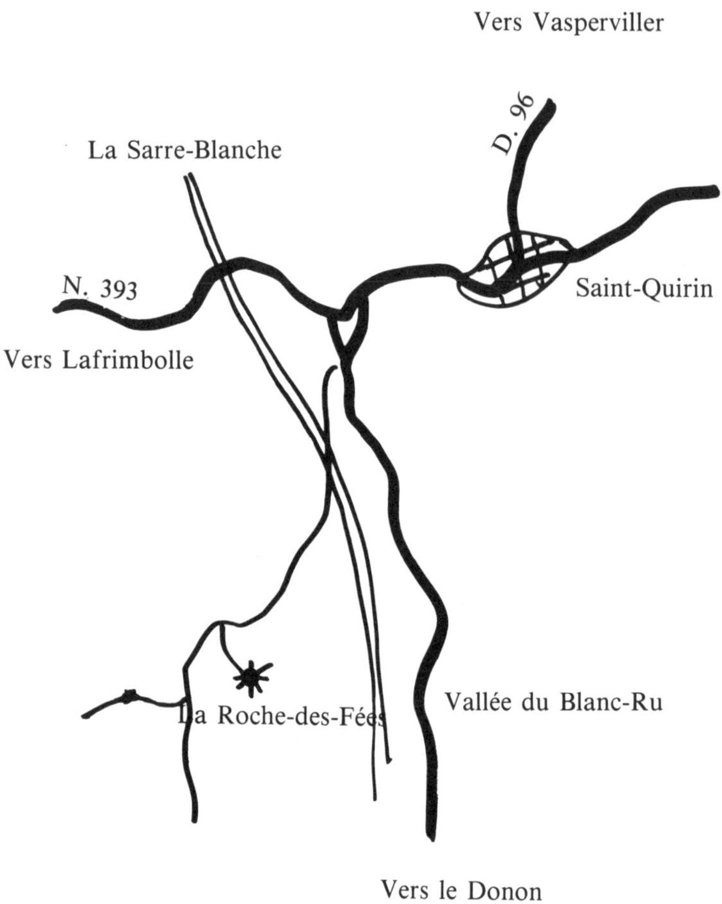

trer dans un monde magique pour y vivre une aventure extraordinaire. Accroché au flanc de la montagne, ce mystérieux rocher de grès comporte des grottes et des piliers naturels.

La plate-forme semble avoir été prédestinée à des fonctions cultuelles. C'est l'endroit où l'Onde de Vie est la plus puissante.

L'exposition ne devra pas dépasser trente minutes sur ce haut lieu vibratoire qui atteint + 24 au géodynamètre.

A quelques kilomètres au nord-est de la Roche des Fées, une immense grotte naturelle, profonde de 32 mètres et large de 24 mètres, s'ouvre à la lumière comme un gigantesque coquillage.

Ce site exceptionnel est la plus grande grotte d'Alsace et des Vosges.

A l'intérieur l'Onde de Vie atteint + 28.

A l'entrée, la hauteur de la grotte mesure une dizaine de mètres. Bien qu'ayant été appelée Grotte Saint-Léon, en l'honneur du pape Léon IX qui aurait passé son enfance dans le château des comtes de Dabo qui surmontait la montagne, ce lieu fantastique pourrait porter le nom de « Grotte du Géant ».

Assister à un lever de soleil dans cette monumentale œuvre de la nature équivaut à un réel bain de jouvence.

La recharge en énergies vitales par le magnétisme cosmotellurique du lieu sera plus bénéfique effectuée aux premières heures du jour.

La méditation viendra efficacement compléter les effets bienfaisants de ce haut lieu vibratoire.

Les sites enchanteurs de la Roche des Fées et de la Grotte du Géant seraient le cadre idéal d'un conte imaginaire qui débuterait par « Il était une fois... »

LA GROTTE DU GÉANT
(Grotte Saint-Léon)

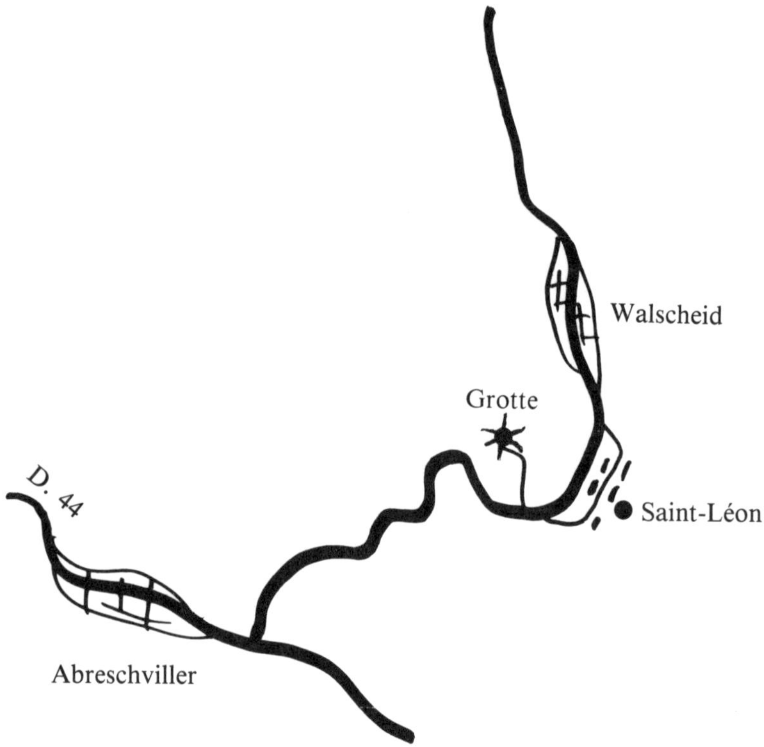

Dans les Vosges du nord, un géant demeurait dans une grotte qui était un énorme coquillage que la mer avait jadis déposé sur la montagne. Il vivait seul et se promenait toute la journée dans l'immense forêt. Les fruits et les baies sauvages composaient ses menus repas.

Depuis quelque temps déjà, le géant s'ennuyait tout seul. Il n'avait personne pour partager, ni ses pensées, ni ses repas, ni ses promenades. Sa grande taille impressionnait tellement les animaux de la forêt qu'ils avaient peur de lui et s'en tenaient fort loin. Pourtant, il ne leur voulait aucun mal, mais il ne savait pas comment le leur faire comprendre. Ainsi à l'écart, il devint très malheureux. Il avait beau parcourir la forêt, il ne rencontrait jamais personne.

Une nuit, le géant vit en songe une petite fée vêtue de lumière avec une chevelure d'or, habitant non loin de la grotte.

Au réveil, il décida de la trouver et de lui offrir ce qui lui tenait le plus au cœur : une énorme perle de nacre qu'il avait découverte au fond du gigantesque coquillage.

Il tenait beaucoup à cette perle parce qu'elle avait la particularité de capter les rayons de soleil et d'illuminer la grotte le soir ou les jours de pluie.

Le géant était persuadé qu'il était plus important que ce fut son cœur qui soit illuminé.

Il pensait que la petite fée lui donnerait son amitié, en échange de ce cadeau.

Son objet chéri sous le bras, il se mit à la recherche de la merveilleuse créature qui lui était apparue en songe.

Hélas, il chercha de longs jours l'endroit où demeurait la petite fée, mais chaque soir il rentrait épuisé et bredouille.

Il allait se résigner à abandonner quand le petit être lui apparut à nouveau et lui dit :

« Tu es si grand que tu ne peux imaginer que je sois si petite. Tu me cherches beaucoup trop loin alors que je suis presque à côté de toi ».

Très tôt le lendemain matin, le géant alla à nouveau à sa recherche.

A peine à une lieue de sa grotte, il l'aperçut, auprès d'un étrange rocher, sautillant de fleur en fleur, buvant la rosée du matin.

Il fut ébloui par tant de grâce et de beauté, mais eut honte de sa taille énorme et de son volumineux présent.

Il allait s'enfuir quand la charmante petite fée lui dit :

« Je n'ai besoin que de ta gentillesse et ta force me protégera. Je t'apprendrai toutes les petites choses que tu ignores. En échange, tu me feras connaître ton univers de géant ».

Le géant fut réconforté et prit place auprès de la petite fée et ils parlèrent, parlèrent, parlèrent...

Ensemble ils vécurent des moments fantastiques et merveilleux.

Un jour, ils ne furent « qu'un » et disparurent pour une autre vie, dans une autre galaxie.

LE ROCHER DE DABO

Dabo, vaisseau fantôme sorti de la nuit des temps, naviguant à l'aurore sur une mer bleutée de sapins, semble échoué, quand le soleil est à son zénith, sur un rocher émergeant à marée basse.

Ce rocher de Dabo fascine par son insolite et magnétique présence.

A plusieurs kilomètres à la ronde, la grande plate-forme portée par un piton conique, attire le regard et rappelle étrangement l'arche de Noé, bloquée sur le mont Ararat.

Le rocher du Dabo

LE ROCHER DE DABO

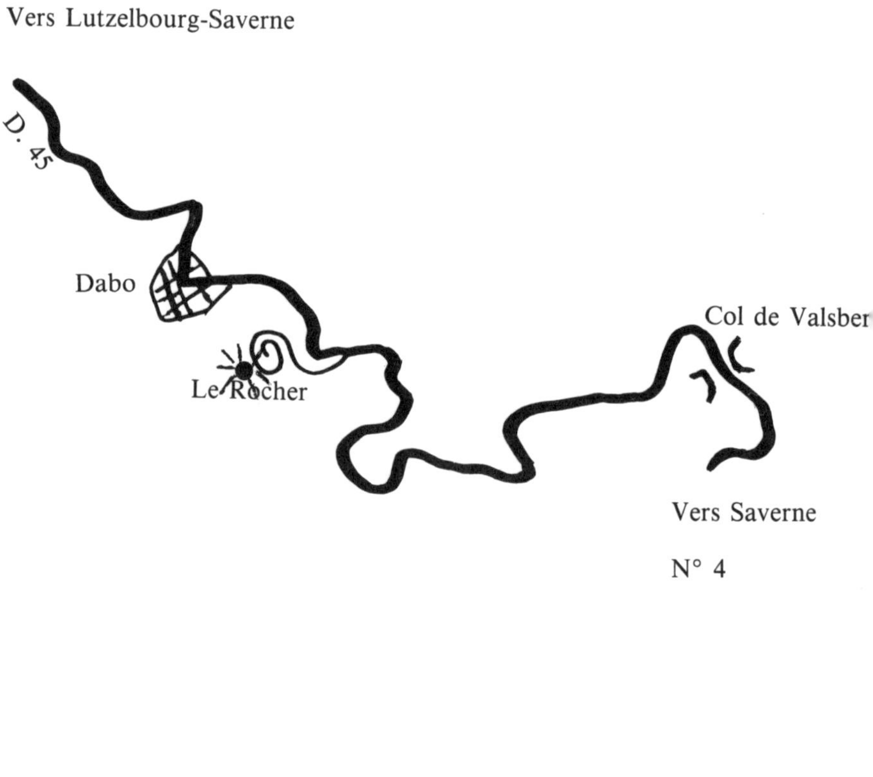

Cette extraordinaire vision soulève mille questions.

Le rocher de Dabo est le trait d'union entre l'Alsace et la Lorraine.

Il est également un point de rencontre entre deux mondes et deux civilisations.

Selon certains historiens, les peuplades gallo-romaines y auraient édifié un temple en l'honneur de Mercure.

La situation absolument unique du rocher de Dabo permet d'affirmer, sans aucun doute, que la divinité la plus vénérée fut Belen, le dieu du soleil.

Ce promontoire rocheux, au climat rude, a attiré les êtres depuis l'aube de la vie. Si les Gallo-Romains et les Celtes avaient élu domicile en ce lieu, qui semble appartenir à une autre dimension, l'homme de la Préhistoire avait déjà occupé ce site magnétique.

Ile tragique émergeant de l'ancienne mer Méditerranée, le rocher de Dabo a admirablement été taillé par la nature lorsque les eaux se sont retirées.

Situé au sud de Saverne, entouré de sapinières, ce haut lieu de la nature et de l'histoire attire une foule de « visiteurs ».

Il est fort regrettable que ces personnes ignorent, dans la très grande majorité, la haute destinée de ce site. Après s'être acquittés du droit d'entrée, ils déferlent sur ce lieu sacré comme sur un champ de foire. Ce comportement irrévérencieux a une profonde incidence sur la vibration cosmotellurique.

Jadis, les êtres avaient un sens extrême du sacré qui leur faisaient voir des divinités dans toutes les manifestations de la nature ou des formes insolites.

Ce culte permettait une conservation des sanctuaires et ainsi une continuité des « Forces ».

Au milieu de notre ère, le sens du sacré fut relégué au second plan, au profit du sens stratégique.

C'est ainsi que ce vénérable rocher connut la profanatrice occupation d'hommes d'armes et la construction d'un château.

Cette occupation et les milliers de visiteurs indifférents qui se sont succédé (et se succèdent) sur ces lieux depuis plusieurs décennies ont puissamment contribué à abaisser le taux vibratoire du lieu.

L'Onde de Vie au rocher de Dabo, mesurée au géodynamètre, n'atteint plus que + 16.

Selon nos recherches radiesthologiques, cette vibration dépassait jadis + 28.

De même que dans un lieu de prière, les actes de foi, le recueillement, la méditation, les prières, augmentent l'Onde de Vie, l'irrespect du sacré, la présence de l'argent, symbole de la pesante matière, en dégradent l'intensité vibratoire.

Identiquement, nous avons rencontré ce triste phénomène à Clairvaux, près de Colombey-les-deux-Eglises.

Avant la Révolution, l'abbaye de Clairvaux était un haut lieu spirituel et un centre magnétique où plusieurs axes magnétiques se rencontraient.

Clairvaux était en « relation » avec Chartres, Reims, Bourges et Sens.

Depuis la Révolution, la merveilleuse abbaye de Clairvaux a été transformée en... prison. Il est aisé de comprendre la chute de l'Onde de Vie de cet éminent haut lieu vibratoire.

Sur le rocher de Dabo a été construite une chapelle néoromane, dédiée au pape saint Léon IX.

Cette humble chapelle a été construite à la place du puissant et sacrilège château qui fut détruit au XVIIe siècle.

Une tour de vingt mètres de hauteur offre un fantastique panorama des Vosges, des vallées de la Zorn, de la Bièvre et de la Sarre.

C'est dans la première moitié de la chapelle que l'Onde de Vie est la plus puissante.

Au fond de la chapelle et aux alentours du puits extérieur, l'équilibre cosmo-tellurique est perturbé par la présence de cavités dans le sous-sol et d'eau stagnante.

Il est probable que d'anciennes galeries se soient partiellement éboulées et l'air emprisonné se soit décomposé et influe négativement sur l'Onde de Vie.

Le rocher de Dabo navigue inlassablement sur cet océan de verdure à la recherche de ces êtres qui, un jour, ont su lui insuffler cet atome de lumière et d'amour pour réaliser l'alliance fabuleuse entre la nature, le sacré et le cosmos.

LA PIERRE DRUIDIQUE DU COL DE VALSBERG

Plus connue sous le nom de Sattelfels, cette roche en forme de selle est un des rares menhirs authentiques conservés intacts dans les forêts vosgiennes.

Haute de deux mètres cinquante, la pierre druidique du col de Valsberg, seuil entre l'Alsace et la Lorraine, a servi de borne frontière en 1747 entre l'abbaye de Marmoutier et le Comté de Linange-Dabo.

Mais le phénomène érosif laisse très bien voir les signes gravés dans la roche :

— la crosse et l'initiale « M »

— les trois aiglons.

Située à la limite du Bas-Rhin et de la Moselle, cette pierre druidique possède un champ d'action cosmo-tellurique important et irradie sur plusieurs mètres ses ondes bénéfiques.

Ce haut lieu vibratoire alsacien a fort probablement connu, jadis, une destinée bien plus glorieuse et mystique que celle d'être relégué au simple titre d'une anonyme borne frontière.

Heureusement, son appellation de « Pierre druidique » inspire un certain respect et lui confère un soupçon de mystère.

Dans le domaine de l'occulte et de l'inconnu, l'imagination projette rapidement sur l'écran de l'ignorance les histoires les plus invraisemblables.

Beaucoup d'inexactitudes et d'affirmations erronées ont été écrites et proférées sur les druides et le druidisme. Généralement, la connaissance que l'on a des druides ne dépasse pas la serpe d'or maniée par une druidesse vêtue d'une robe de lin blanche et coiffée d'une couronne de chêne, cueillant le gui sacré d'un chêne séculaire.

Le druidisme ne se limite pas au chêne, symbole de tout ce qui est stable et durable et qui est la plus grande force magnétique. Capteur et réémetteur d'ondes telluriques fortifiantes et calmantes, c'est aussi un capteur d'ondes cosmiques qu'il transforme pendant la nuit en énergie.

Transmis par voie orale depuis nos ancêtres, les Celtes, un enseignement sacré n'a été donné qu'aux êtres dignes de cette philosophie et religion à la fois spiritualiste et scientifique. L'état de haute culture atteint par les druides nécessitait étude, apprentissage, application, pendant de longues années.

Selon César, pour être maîtrisée, cette doctrine demandait vingt années d'études assidues.

Le druidisme est basé sur la connaissance des lois de la nature, des courants telluriques qui sillonnent la planète et des forces cosmiques. Le sens du sacré de la nature et l'influence des planètes jouent un rôle prépondérant dans cet enseignement.

La race celte qui a transmis aux druides cette haute culture, est l'une des plus anciennes du monde. Elle est d'origine hyperboréenne.

Au cours des âges, elle est descendue des régions aujourd'hui polaires.

La pierre druidique du col de Valsberg

LA PIERRE DRUIDIQUE
(Sattelfels)

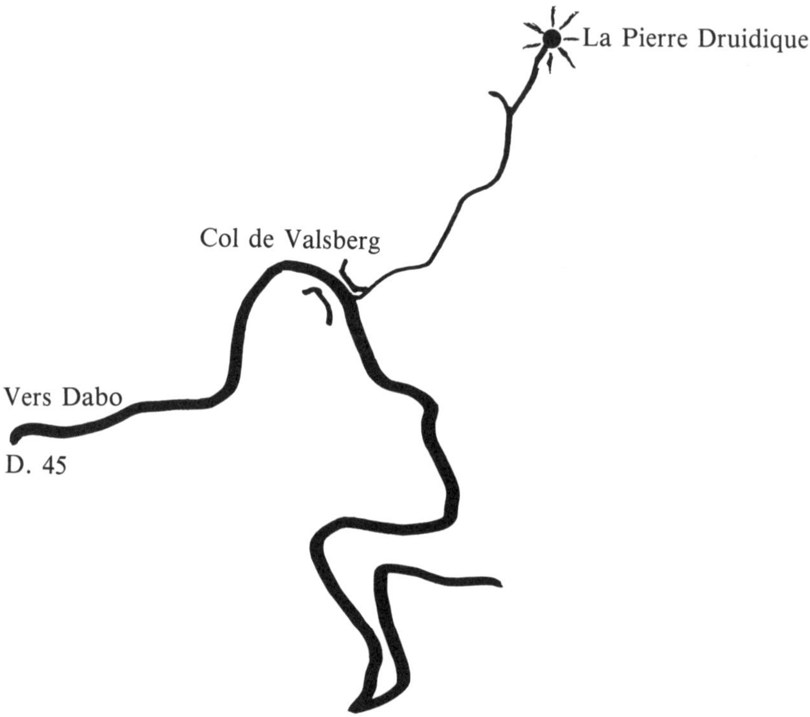

Existant depuis les premiers âges de la terre, elle est liée à cet archipel aujourd'hui disparu, l'Atlantide.

L'Atlantide, dont l'histoire fantastique et l'étrange destinée fascinent notre monde qui redécouvre l'univers inouï des énergies subtiles, a été engloutie par les eaux en emportant la clé de son mystérieux secret.

Au cours des âges, de nombreuses communautés druidiques ont vécu de manière autonome au sein de l'ordre des Bénédictins.

Jusqu'à Louis XIV, les druides étaient les alliés de la royauté et chaque monarque recevait l'initiation druidique au fond d'un dolmen secret.

Les dolmens sont des foyers magnétiques où étaient célébrés les cultes du druidisme. Selon la tradition druidique, le Christ aurait été initié au druidisme en Bretagne.

Le calendrier des druides ne débute pas avec l'ère du christianisme mais depuis le début de l'ère du Bélier qui commença 2.159 ans avant l'ère du Poisson qui s'est achevée en 1945.

C'est à partir de cette date que nous avons pénétré dans l'ère du Verseau, l'ère des grandes aventures et des grandes révélations que les occultistes appellent l'Age d'Or.

Le druidisme est une des possibilités offertes à l'humain pour acquérir la perfection imposée par la loi de la réincarnation et pour abréger le temps du passage obligatoire dans le cycle des voies terrestres.

LE HAUT-BARR : OCULUS ALSATIAE

« L'œil de l'Alsace », cette célèbre expression pour désigner le Haut-Barr a été employée en 1415 au Concile de Constance pour désigner la forteresse épiscopale qui domine le « beau jardin » de Saverne.

Le Haut-Barr

Lieu magique, lieu de mystères, le Haut-Barr commande le passage naturel le plus aisément franchissable entre l'Alsace et la Lorraine.

Malgré sa faible altitude de 450 mètres, on peut apercevoir la plaine jusqu'à la flèche de la cathédrale de Strasbourg et une échappée sur le plateau lorrain.

On imagine facilement l'importance stratégique de ce site.

Cette monumentale architecture de la nature résulte de la rencontre de l'escarpement de la faille vosgienne à l'est avec à l'ouest, la profonde entaille de la vallée de la Zorn creusée dans la masse du plateau gréseux.

Cette masse gréseuse qui constitue l'arête rocheuse, longue de deux cent cinquante mètres environ, comprend une espèce de socle de dix à quinze mètres de haut, au-dessus duquel se dressent majestueusement trois énormes blocs isolés, de taille inégale, de plus de vingt mètres de haut.

Géologiquement, l'arête rocheuse du Haut-Barr est constituée dans sa partie inférieure par un grès très fin qui a provoqué, par sa friabilité, des rétrécissements. Dans sa partie supérieure, une couche de conglomérat très résistant est à l'origine des falaises abruptes.

L'étude archéologique atteste la construction d'un château au milieu de notre ère, mais on ignore totalement l'histoire antique de ce haut lieu vibratoire.

Depuis sa mention au XIIe siècle jusqu'à la Révolution, il fut la propriété des évêques de Strasbourg.

Il aurait été fondé au XIe siècle par l'évêque Rodolphe. Ce fut la résidence épiscopale.

Le château du Haut-Barr fut doté de fortifications améliorées au XVIe siècle.

Comme beaucoup de châteaux alsaciens, il connut le triste sort d'être démantelé en 1650.

LE HAUT-BARR
LA GROTTE SAINT-VIT

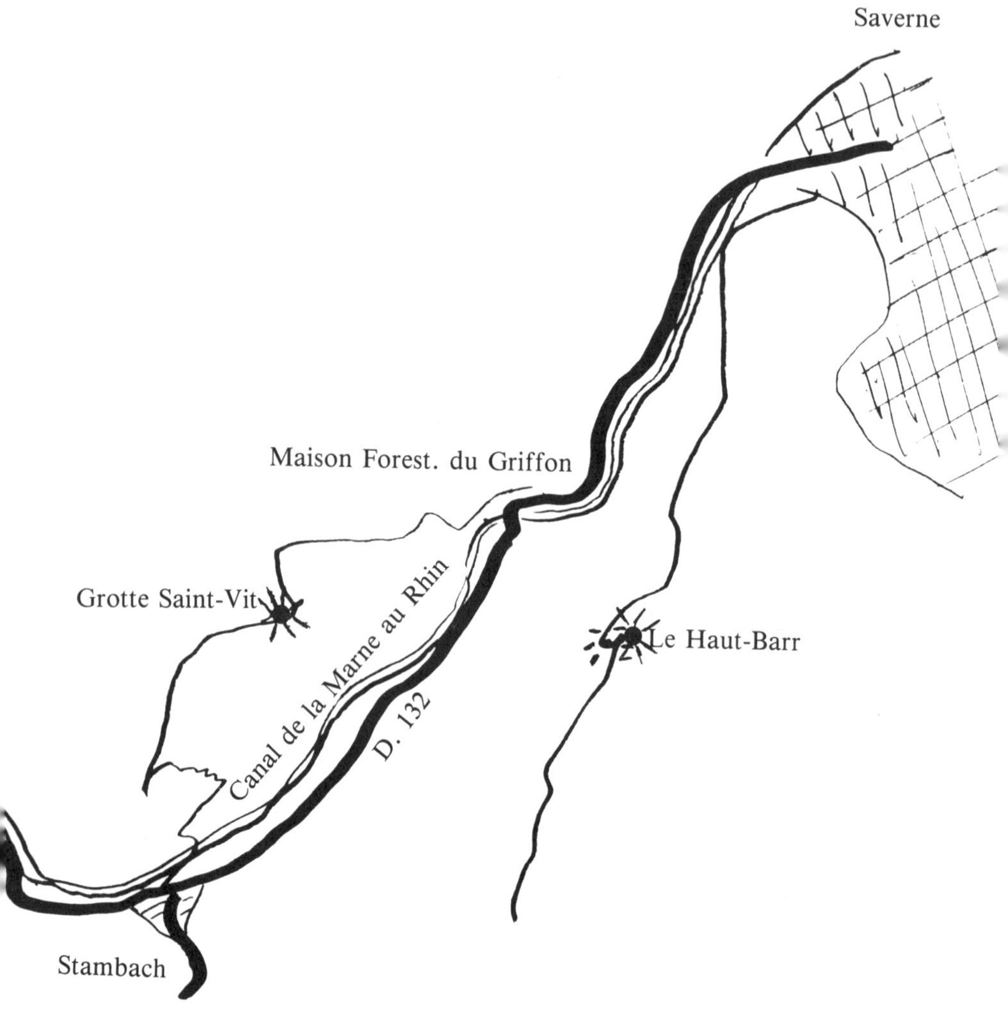

Les ruines furent vendues comme biens nationaux et furent achetées par l'Etat à la fin du siècle dernier. Louées à la ville de Saverne, elles furent aménagées en restaurant.

Un escalier et une impressionnante passerelle donnent accès aux rochers fortifiés. On découvre une petite chapelle romane qui a été restaurée.

Une vertigineuse vue panoramique frappe le regard et l'esprit.

Le site fantastique du Haut-Barr, son mystère et son histoire mouvementée, ont donné naissance à des légendes et des récits populaires des plus étranges. De la corne d'auroch légendaire aux fabuleux trésors qui seraient cachés dans de mystérieux souterrains.

Créée au XVIe siècle par l'évêque Jean de Manderscheid, la Confrérie de la Corne prit pour symbole une grande corne d'auroch. Elle contenait près de quatre litres. Pour être admis dans cette confrérie bachique, le novice devait vider d'un seul trait la corne remplie d'un vin probablement très capiteux.

La trace de cette coutume fut perdue aux environs de 1780.

Selon la tradition, un souterrain conduirait de l'ancien Palais Episcopal de Saverne au château du Haut-Barr.

Pendant les troubles des guerres de religion auraient été cachées dans ce souterrain, la statue en or massif du Christ et celles en argent massif des douze apôtres qui jadis ornaient la chapelle du château.

L'entrée de ce mystérieux souterrain n'était connue que de l'évêque en place qui transmettait ce précieux secret à son successeur.

Or, il advint qu'un évêque mourut un jour subitement en emportant avec lui son étrange testament. Malgré les importantes et nombreuses recherches effectuées au cours des siècles, l'entrée du souterrain abritant le fabuleux trésor ne put être découverte.

Le magique et fantastique haut lieu vibratoire du Haut-Barr conservera probablement éternellement ses mystérieux secrets mais comblera les visiteurs de ses effluves bienfaisantes.

LA GROTTE DE SAINT-VIT

En quittant Saverne par la D. 132, en direction de Lutzelbourg, on aperçoit à droite la maison forestière du Griffon qui est le départ d'une originale promenade à travers la forêt.

Elle conduit à une surprenante grotte aménagée en lieu de culte.

Lieu de pèlerinage, ancien lieu de culte, druidique ou solaire, haut lieu vibratoire, cette grotte indique au géodynamètre une Onde de Vie de + 28.

L'endroit est étonnant.

Un plateau sur lequel était érigée autrefois une chapelle, domine un jardin en pente, où se mêlent fleurs et rocailles.

Un promontoire rocheux sur lequel a été édifiée une croix blanche, semble avoir été un sanctuaire druidique ou solaire.

Tout le site bénéficie de la même puissante vibration.

La vue superbe sur la vallée de la Zorn, le canal de la Marne au Rhin, les châteaux du Haut-Barr, du Geroldseck et du Griffon, Saverne et sa plaine, enthousiasmeront les personnes qui auront fait l'effort de grimper jusqu'à ce lieu magique et sacré.

La grotte est une vaste excavation naturelle dans le grès. Elle abrite un petit autel et des bancs de prières.

Une dalle funéaire très ancienne porte une inscription à peine visible.

Sur les parois sont fixés des ex-voto et des plaques rappelant l'œuvre de restauration entreprise par le fondateur des amis de la grotte de Saint-Vit.

La grotte de Saint-Vit

Grâce à eux, cette grotte abandonnée, envahie par la végétation, a retrouvé sa vocation initiale.

L'origine de la vénération à Saint-Vit est méconnue.

Les documents ne remontent pas au-delà du XVe siècle. Néanmoins, le pèlerinage est antérieur.

Au-delà de la légende, il faut peut-être chercher un rapport avec l'épidémie de la maladie des troubles nerveux convulsifs, la danse de Saint-Guy, venue de Hollande en 1518. Cette fâcheuse maladie traversa la plaine rhénane pour atteindre la Bohème.

La grotte de Saint-Vit fut aussi appelée la Roche Creuse.

Au Moyen Age, une chapelle de pèlerinage était desservie par des ermites.

D'anciennes statues ont été découvertes en ces lieux. Elles sont conservées au musée de Saverne.

Au XVIIIe siècle cette grotte sacrée fut transformée en ferme.

Les flammes firent justice et la ravagèrent. Les lieux furent abandonnés et la nature y installa son règne de plein droit.

La grotte de Saint-Vit semble avoir été depuis le XVe siècle le lieu de rendez-vous de nombreux pèlerins souffrant de la « danse de Saint-Guy ».

Ce lieu est effectivement très apaisant et propice à la détente.

S'il convient spécialement aux épileptiques, il apportera un heureux bien-être aux nerveux et aux anxieux.

Il n'est bien sûr nullement obligatoire d'être atteint des troubles précités pour bénéficier du repos régénérateur des lieux.

L'existence de Saint-Vit est aussi surprenante que le site est magique.

Né au IIe siècle dans une noble famille sicilienne païenne, Vit fut instruit en cachette par sa nourrice à la religion catholique. Dès son plus jeune âge, Vit fut un fervent croyant.

Quand son père, païen convaincu, constata l'aversion de son fils envers l'idolâtrie, il entra dans une effroyable colère.

Pour lui faire perdre la croyance chrétienne et le dissuader de persister dans cette voie, le noble sicilien décida de faire maltraiter son fils.

Il le remit à des persécuteurs, mais les amis nourriciers de Vit veillaient et s'enfuirent avec l'adolescent en Italie du Sud.

La sainte existence de Vit lui valut d'être appelé à Rome auprès de la fille de l'empereur Dioclétien pour la délivrer du mauvais esprit. Après la réussite de Vit, l'empereur essaya de le faire renoncer à sa foi.

Mais le jeune homme resta ferme. Pris de courroux, Dioclétien le fit mettre dans de la poix et du plomb bouillant. A la stupéfaction de ses bourreaux, Vit en sortit indemme.

Il fut jeté dans une fosse aux lions. Protégé par son incommensurable foi, il ne fut même pas blessé par les bêtes féroces.

Mais l'empereur, voyant ces deux miracles, le fit martyriser à mort en même temps que sa nourrice et son compagnon.

Ainsi se termina tragiquement la vie de ce saint homme.

LE « VILLAGE » DU WASSERWALD

Les environs de Saverne sont harmonieusement équilibrés sur le plan cosmo-tellurique et rares sont les imperfections vibratoires. Cette contrée recèle de nombreux hauts lieux vibratoires, dont nous présentons dans cet ouvrage les plus « puissants » et les plus insolites.

Au nord-ouest du centre vibratoire de Saverne, en quittant le village de Stambach, on atteint la crête du Wasser-

Le « Village » du Wasserwald

LE WASSERWALD

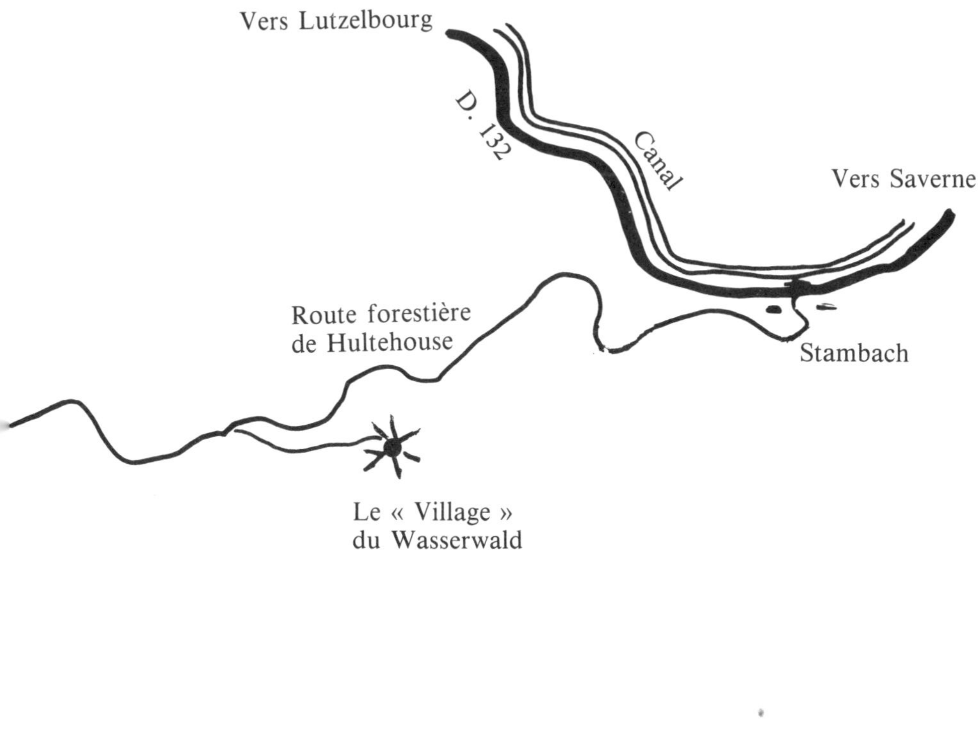

wald. Ce plateau a connu au début de notre ère, l'occupation gallo-romaine.

Comme en de nombreux sites celtiques, l'Onde de Vie est positive. Mesurée au géodynamètre elle atteint + 18.

Epargnés par la nature et par les temps, ces vestiges constituent un village-type de la civilisation des sommets vosgiens.

Sous les hauts arbres nous découvrons des « fermes » qui s'élèvent de part et d'autre d'un chemin central, le sanctuaire avec sa cella et deux nécropoles.

D'intéressantes découvertes y ont été faites. Des fouilles sont en cours et plus d'une trentaine de bâtiments ont été localisés. Les murs de ces bâtisses sont en pierres sèches. Les délimitations des antiques habitations sont très bien visibles. Les vestiges sont tellement « parlants » que l'on peut se croire transposé au début de notre ère par un phénomène d'espace-temps.

Il est très intéressant de reconstituer l'organisation de ce bourg antique. Une enceinte principale ceinture le « village » dans lequel sont disséminées quelques habitations alors que d'autres sont regroupées à l'intérieur d'une enceinte secondaire.

A l'extrémité est du Wasserwald une trentaine de tombes à incinération attestent des anciennes pratiques funéraires.

On remarquera que certaines tombes sont uniquement composées d'une urne funéraire alors que d'autres sont entourées de pierres disposées en cercle ou quadrilatère.

Cette nécropole est située au sommet du plateau, probablement pour permettre aux âmes défuntes d'être plus proches du monde divin.

Le sanctuaire se situe dans la partie du « village » la plus vibrante...

Au fil des fouilles et des recherches, le Wasserwald livrera ses secrets et permettra de mieux comprendre la vie de nos ancêtres. Le « village » du Wasserwald offre aux promeneurs une intéressante leçon d'histoire, tout en leur prodiguant ses bienfaits cosmo-telluriques.

Si nous nous référons aux particularités vibratoires de ce site nous devons comparer le « village » du Wasserwald à un iceberg.

— En surface : les vestiges du village gallo-romain

— En profondeur : la partie la plus intéressante qui restera à découvrir !

LA PETITE-PIERRE

Dans le pays bossu, au nord-ouest de Saverne, un promontoire rocheux, à mi-chemin de la plaine d'Alsace et du plateau lorrain, bénéficie d'une Onde de Vie très harmonieuse.

Il s'agit du charmant bourg de La Petite-Pierre.

L'histoire de ce site et du château qui y a été édifié est très imprécise.

Néanmoins, l'intéressante vibration du lieu confirme que ce site était connu du temps des Celtes.

Il est fort probable qu'une route du sel empruntait ce col.

Depuis les temps les plus reculés, La Petite-Pierre correspondait très certainement à une frontière car à l'époque romaine elle séparait les possessions des populations médiomatrices et triboques.

Du temps des Mérovingiens ce haut lieu vibratoire assurait la limite de l'Alsace et du pays de la Sarre.

Vu l'importance de la situation des lieux, on présume qu'un château en assurait la protection et le contrôle dès la fin du premier millénaire.

LA PETITE PIERRE

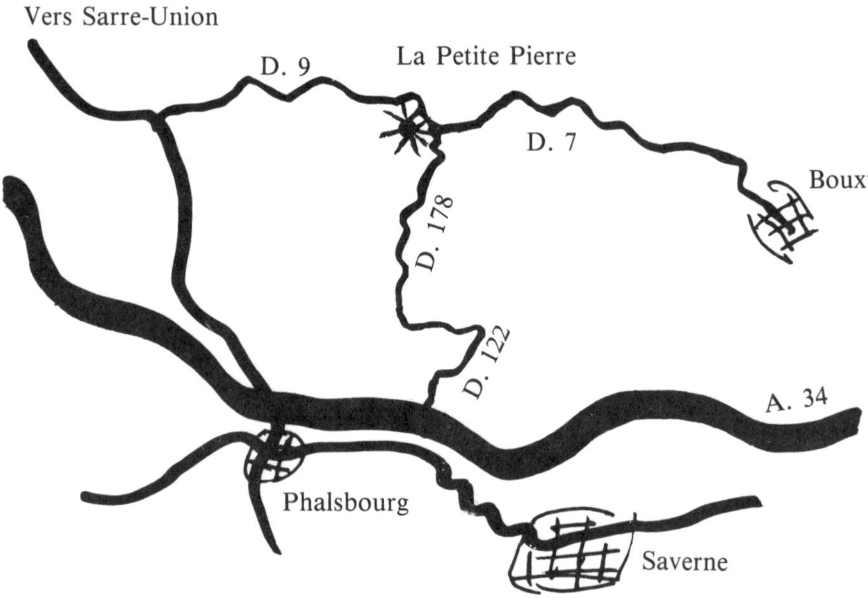

Selon la chronique, ce serait un fils de Charlemagne, évêque de Metz, qui y aurait construit une forteresse.

Le Comté de La Petite-Pierre apparaît vers 1200. Il faisait partie d'un ensemble dominé par les comtes de Metz, de Lunéville et d'autres villes du nord de l'Alsace.

De ces lointaines époques il reste le bourg du haut qui est fortifié et protégé par un château qui occupe le sommet du promontoire.

L'Onde de Vie la plus puissante ne se mesure pas au château mais dans la partie sud de ce village campé sur une crête de verdure.

C'est la zone entre l'église et les environs de la « Maison des Païens », la Tour de Guet, construite par les Romains, qui possède la meilleure vibration.

On peut reconnaître des assises de cette origine gallo-romaine dans les caves de la belle maison de style Renaissance, datant de 1534, située à l'arrière de la mairie.

A côté du château, l'église, édifiée en 1417 par le comte Bourard, conserve son chœur, de style ogival, orné de fresques intéressantes. A quelques pas, la chapelle Saint-Louis, érigée par la garnison catholique, abrite une exposition permanente de sceaux et héraldiques de l'Alsace du nord.

Sous le rocher, un « lac souterrain », peuplé de nymphes légendaires, peut être visité, à condition de se munir d'un lainage et d'une lampe de poche et... de ne pas craindre les habitants du lieu.

Ce sont les anciennes citernes de la forteresse, une réalisation de captage d'eau remarquable datant du Moyen Age.

Les puisatiers ont creusé le pied du rocher jusqu'à sa nappe aquifère. Ensuite, pour en faciliter l'usage, ils ont creusé un puits communiquant directement avec la ville.

Le château qui porte le nom de Château de Lutzelstein, fut initialement un camp de retranchement.

La Petite Pierre

Il devint par la suite, jusqu'en 1452, la demeure des comtes de La Petite-Pierre. Désormais il abrite le siège du parc naturel régional des Vosges du nord.

Terre d'accueil et d'initiation à la connaissance du milieu, le parc s'étend sur les Basses Vosges entre le col de Saverne et les villes de Wissembourg et de Bitche.

La flore, la faune, la roche de grès rose, les ruisseaux, les étangs, les traditions villageoises, confèrent à ce parc le charme et le pittoresque d'antan.

Au parc animalier du Schwarzbach des affûts sont organisés pour observer le comportement des animaux au fil des saisons.

La Petite-Pierre, haut lieu vibratoire, baigné d'un harmonieux magnétisme cosmo-tellurique, est aussi un haut lieu de la nature où chacun peut entrer en étroite communion avec elle.

LA PIERRE DES DOUZE APÔTRES

A l'ouest de Niederbronn-les-Bains, dans l'axe longitudinal de Saverne, se dresse, au centre d'un carrefour, un important monument antique qui semble veiller sur les secrets des immenses forêts environnantes.

Ce bloc de grès, de plus de quatre mètres de hauteur, est un authentique menhir. Aussi connu sous le nom de « Breitenstein ». Il aurait pu servir de pierre de repère pour le calcul du calendrier des anciennes peuplades.

Ce menhir a une particularité thérapeutique totalement inédite.

Le rayonnement de cette roche est très puissant et en vertu du principe des polarités elle émet à son sommet une onde négative.

Mais la radiation de ce pôle est tellement intense qu'elle se propage tout autour du menhir dans un rayon de dix mètres. Il est donc extrêmement important de ne pas séjourner longtemps dans cette zone négative.

En dehors de ce rayon de dix mètres la polarité de l'Onde de Vie s'inverse brutalement et mesure + 28 au géodynamètre.

Tous les environs sont ainsi irradiés par ce magnétisme cosmo-tellurique bénéfique.

Sur le plan thérapeutique ce lieu convient particulièrement aux personnes très tendues et crispées.

La puissante zone négative peut inverser la polarité du propre champ magnétique des êtres qui y séjournent et ainsi déclencher un mécanisme bénéfique.

Il convient donc d'utiliser les vertus de cette pierre sacrée avec prudence et mesure. La meilleure méthode consiste à effectuer lentement, pendant une quinzaine de minutes, un va-et-vient entre la Pierre des Douze Apôtres et un point situé à une vingtaine de mètres de ce centre vibratoire.

Tendus et crispés constateront que progressivement la tension et les nerfs « tombent ». Ils ressentiront un phénomène de « décompression » qui leur apportera une profonde détente et seront ainsi préparés à un repos qui devra s'effectuer, bien sûr en dehors du rayon négatif de dix mètres, la tête orientée vers le nord.

Les personnes qui se prêtent à cette thérapeutique cosmotellurique se réveillent généralement en pleine forme et profondément détendus.

Les environs boisés comportent des aires de pique-nique où sont installés des tables et des bancs.

La Pierre des Douze Apôtres fut de tout temps considérée comme une pierre-borne, au même titre que la pierre druidique du col de Valsberg.

La pierre des 12 apôtres

LA PIERRE-DES-DOUZE APÔTRES

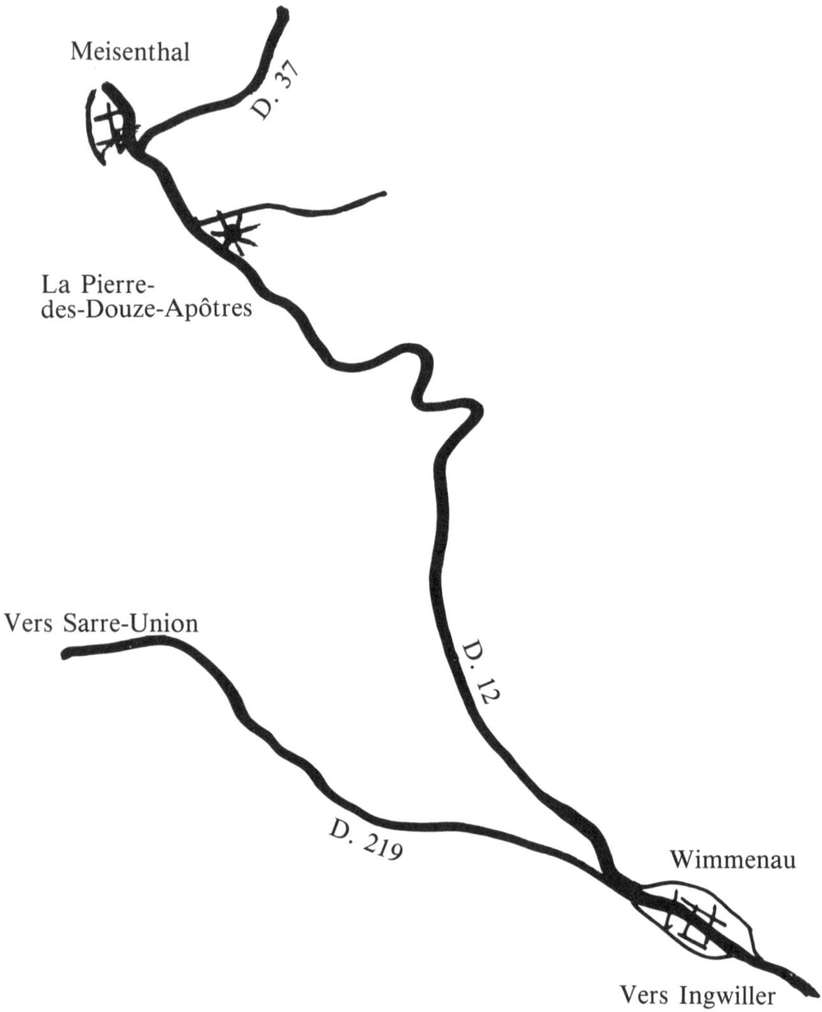

Elle fut citée dans les chartes de l'abbaye de Wissembourg dès 713.

Aujourd'hui, elle délimite le Bas-Rhin de la Moselle.

Au XVIIIe siècle ce monument païen fut « christianisé » et le haut de la pierre fut transformé en croix surplombant les figures des douze apôtres, sculptées trois par trois sur les quatre faces.

Pendant longtemps, chaque année, les gens du voyage, les tziganes, venaient en pèlerinage à cet endroit sacré pour le 15 août. Les années précédant la Deuxième Guerre mondiale virent des rassemblements de nomades atteignant parfois deux milles pèlerins.

L'« ABBAYE » DE WISSEMBOURG

« Porte de France » à la frontière allemande, le « Château Blanc » s'étend sur les bords de la Lauter.

Les trouvailles archéologiques ont confirmé que ce site était habité par l'homme du néolithique.

Plus tard, les peuples de l'âge du bronze et du fer élurent domicile en ces lieux.

Les Celtes s'établirent également sur les bords de la Lauter, puis les légions romaines. Les Huns et les Francs se succédèrent en ces lieux où depuis des millénaires il fait « bon vivre ».

Quel est donc le secret de ce petit pays différent de l'Alsace par son dialecte francique et non alémanique ?

Wissembourg, ancienne ville de la Décapole alsacienne, doit son développement à une abbaye fondée en 623 par le roi Dagobert Ier. Il semblerait que ce soient des moines de l'ordre de Saint-Martin, venus de Tours, qui s'y soient établis.

Wissembourg

Dotée d'importants biens immobiliers, de privilèges et de franchises particulières, l'abbaye devint rapidement un centre culturel et économique rayonnant. Les princes-abbés maintinrent cette grandeur jusqu'au haut Moyen Age.

En 1524 l'abbaye fut sécularisée et vendue en 1546 à l'évêque de Spire. Les troubles de la Révolution provoquèrent sa fermeture en 1792.

De ces grandeurs ne subsiste plus qu'une église qui est la plus vaste église gothique d'Alsace après la cathédrale de Strasbourg. Elle date de la seconde moitié du XIIIe siècle. Cette église Saint-Paul et Saint-Pierre, dominée par une belle tour octogonale à la croisée conserve des vestiges de la basilique ottonienne qui la précéda : le clocher roman carré de la façade et une petite salle voûtée divisée par des colonnes. Le côté gauche de l'église est bordé par une galerie de l'ancien cloître.

Mesurée au géodynamètre, l'Onde de Vie de ce lieu atteint + 22.

C'est l'Onde de Vie la plus puissante de Wissembourg.

Bordée de profondes forêts, à 160 mètres au-dessus du niveau de la mer, Wissembourg est une station de cure d'air et de repos où règne une agréable atmosphère de calme.

C'est à Wissembourg que le roi détrôné de Pologne, Stanislas Leszczynski, se retira pour y couler des jours paisibles. C'est ici que la main de sa fille, Marie, fut demandée par Louis XV.

Hasard ou concours de circonstances ?

LA FORÊT SAINTE DE HAGUENAU

Au cœur de l'immense forêt de Haguenau s'étend une verte et sereine clairière où au chant des oiseaux se mêlent le bruissement du feuillage et le murmure des eaux de l'Eberbach.

Ce paisible ruisseau enlace en courbes plus ou moins allongées un haut lieu vibratoire dont les émanations cosmotelluriques sont les plus puissantes de la contrée.

Cet ancien haut lieu sacré des Celtes semble encore empreint des rites druidiques qui y furent pratiqués.

Dans la partie orientale de la forêt sont disséminés de nombreux tertres funéraires, seuls témoins d'une présence celtique avant notre ère.

Selon la tradition, à l'époque romaine, trois ermites : Euchère, Valère et Materne, venus de Gaule et de Rhénanie, séjournèrent en ces lieux saints pour se consacrer à la vie contemplative.

Après cette retraite au sein de la nature, Euchère devint évêque de Trêves et Materne évêque de Cologne.

Vers l'an 600 de notre ère un ermite du nom d'Arbogast vivait en ces lieux dans une humble hutte qu'il s'était confectionnée de vieilles branches et de chaumes, à l'abri d'un vieux chêne de taille fort respectable.

D'après la légende, le fils du roi Dagobert fut mortellement blessé sur cette clairière lors d'une partie de chasse.

Saint-Arbogast, voyant la mort du prince, s'agenouilla et pria avec ferveur. Le ciel l'exauca et le fils du roi ressuscita.

En remerciement, le vieil ermite fut nommé évêque de Strasbourg par le roi Dagobert II. L'évêque mourut en l'an 665 et la forêt de Haguenau devint un lieu de souvenir et de pèlerinage.

Le vieux chêne millénaire, au pied duquel Saint-Arbogast avait élu domicile avait encore sa verdure en 1912.

Mais en 1913 l'arbre séculaire vit sa fin en d'incroyables circonstances.

Un valet du garde forestier voulut chasser le hibou qui s'était niché au creux du tronc. Il alluma un brasier pour con-

Le grand chêne de la forêt de Haguenau

LA FORÊT DE HAGUENAU

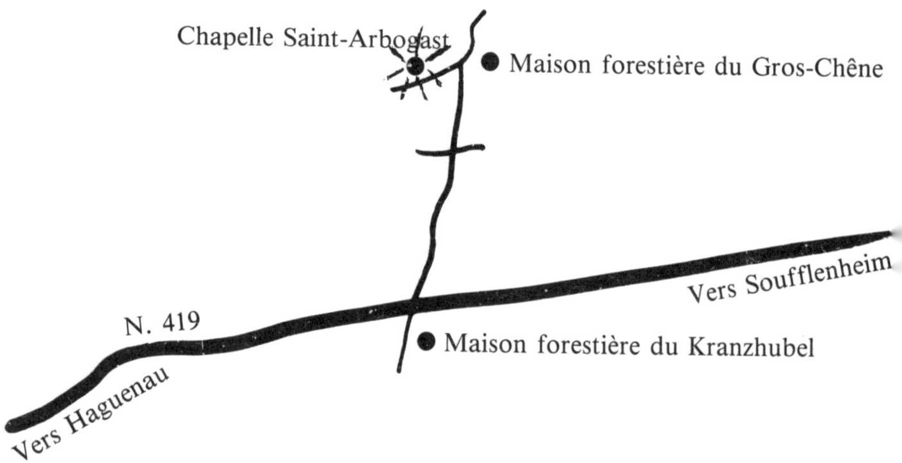

traindre l'oiseau à quitter son nid et causa ainsi la mort de l'arbre.

Après la Première Guerre mondiale, le chêne était étendu sur la pelouse de la clairière, gisant sans vie, comme une vaillante sentinelle qui aurait été abattue par traîtrise. Plus tard, on décida de lui rendre les honneurs en l'érigeant sur un socle en béton. La partie inférieure du tronc fut découpée et cerclée de fer.

Le tronc de ce chêne légendaire est le dernier vestige d'une époque entourée d'un mystère mystique.

Non loin de là coulait une source qui offrait ses eaux claires aux saints ermites et à leurs prédécesseurs celtiques. Pendant des siècles encore, les bûcherons et les pauves hères venus ramasser le bois mort et les pèlerins y faisaient une courte halte. Nous retrouvons le symbole de la puissance du chêne, lié au symbole de la fécondité de la source.

De l'autre côté de la clairière, une stèle en grès rouge des Vosges, rappelle le souvenir de saint Arbogast.

L'inscription latine sur la façade avant est fortement endommagée mais par contre les textes en allemand et français sur les côtés de la pierre sont bien conservés ainsi que le portrait de l'ermite à la partie supérieure.

« Ici vécut autrefois, en ermite

Saint Arbogast - 19e évêque de Strasbourg.

En lui l'Alsace honore son patron bien-aimé et sa plus pure gloire ».

Entre 1950 et 1955 une chapelle fut érigée en remplacement de celle qui avait été détruite par les intempéries et les vandales.

Le pèlerinage attire des milliers de fidèles, tous les ans, qui viennent se recueillir dans la paix sereine de ce tableau idyllique.

Marienthal

Site idéal pour la méditation et la régénération, ce haut lieu vibratoire attend la visite des pèlerins pour lui communiquer ses vertus cosmo-telluriques.

L'Onde de Vie mesurée au géodynamètre de l'endroit où se situait l'antique ermitage atteint + 35.

MARIENTHAL : MARIAE IN VALLE

L'immense forêt s'étendant au nord de Strasbourg a passé de tout temps pour sainte. Elle fut peuplée par des ermites et des évêques dont la vie est liée à des légendes ou à des récits où l'imaginaire rejoint le réel.

Arbogast - Florent - Dieudonné et d'autres.

A l'époque où les arbres régnaient, plusieurs abbayes et monastères occupaient cette profonde forêt baignée de mystère et de sainteté. Mais toutes ces fondations sombrèrent, au cours des siècles, dans la tourmente des temps et la nature a repris le dessus. Il ne reste plus que « Marienthal » pour rappeler ces siècles bénis.

L'origine de Marienthal ne semble remonter qu'au XIIIe siècle et serait dûe à la découverte d'une statue miraculeuse. En ce temps une ferme s'élevait à quelques centaines de mètres du sanctuaire actuel. L'année 1257 figure dans la chronique comme date de fondation de Mariae in Valle, Marienthal.

Au milieu du XIVe siècle le pèlerinage se développe progressivement. Les fidèles viennent vénérer la Vierge en ce lieu situé en pleine forêt.

Après la guerre, Marienthal voit défiler des foules de pèlerins. Les uns viennent pour rendre grâce, les autres pour implorer le retour des disparus.

Etrange destinée de cette Alsace-tampon, cruelle réalité de l'après-guerre pour les Alsaciens.

L'église actuelle est la troisième au cours des sept siècles.

La première était une chapelle située à l'endroit de la chapelle de la Pietà actuelle.

C'est le lieu où l'Onde de Vie est la plus puissante. Est-ce un hasard ?

Elle abrite une Madone légèrement souriante, en bois sculpté du XIVe siècle qui fut habillée au XVIe siècle. C'est la plus vénérée par les fidèles.

La statue est ornée d'une couronne depuis 1859.

Du 8 au 15 septembre 1959 fut célébré solennellement le couronnement de la Pietà. Cette cérémonie fut digne de l'extraordinaire haut lieu vibratoire qu'est Marienthal.

Venus des environs, et parfois de très loin, les fidèles se dénombrèrent à plus de cent mille. Vingt mille communions furent distribuées. Lors des processions le nombre des participants variait entre cinq et dix mille pèlerins.

Marienthal est un des rares villages d'Alsace où tout le village est en parfaite harmonie avec les lois cosmo-telluriques. L'Onde de Vie varie autour de + 20 au géodynamètre.

Une alchimie de forces crée à Marienthal un centre de régénération physique et spirituelle.

L'homme dépend d'espaces et de volumes pour une meilleure réflexion de la pensée. Nos ancêtres le savaient.

C'est pourquoi ils bâtissaient des palais, des temples, des châteaux, des cathédrales ; pour que la pensée puisse évoluer dans un milieu en rapport. Ce sont les rapports de force invisibles qui structurent la pensée, et dont dépend l'évolution de l'homme ou de l'être.

L'homme simple ou rural avait la nature pour s'exprimer. L'actuelle société n'offre plus que des habitations à petits espaces...

LA CATHÉDRALE DE STRASBOURG ET L'ARCHITECTURE SACRÉE

La merveilleuse cathédrale de Strasbourg a été construite à l'emplacement du sanctuaire de l'ancienne bourgade celtique d'Argentorate.

Bien qu'inachevée, c'est une des plus originales et une des plus belles réalisations de l'art gothique. Sa flèche de 142 mètres, ses vitraux, ses orgues et son horloge astronomique remplissent d'admiration les visiteurs venus du monde entier.

Comment expliquer l'attrait mystérieux de ce sol sacré où furent édifiés des sanctuaires depuis les temps les plus reculés.

De nombreux récits populaires et légendes relatifs à la cathédrale de Strasbourg ont un singulier point commun : l'eau du sous-sol.

Paradoxe entre un lieu magique et sacré qui devait être baigné d'ondes bénéfiques et le sous-sol gorgé d'eau, logiquement générateur de nocivité.

Au fil de cette étude nous analyserons ce phénomène en abordant l'incidence de l'architecture et de ses formes dans le monde vibratoire.

Mais avant d'entrer dans ce domaine technique, nous entrouvrons la porte de l'étrange en présentant le légendaire monde souterrain de la cathédrale.

Aux environs de l'an 1000, après la destruction de l'ancienne cathédrale carolingienne par les troupes du duc Hermann de Souabe et le coup de grâce porté par la foudre, l'évêque Wernher entreprit de construire une vaste cathédrale romane.

La nappe phréatique apparut comme un problème majeur. Les maîtres d'œuvre, pour asseoir les fondations de cette immense bâtisse, firent creuser les couches superposées de sable et de gravier.

Ils rencontrèrent bientôt l'eau souterraine et firent alors enfoncer dans ce sol meuble et détrempé d'énormes rangées de pilotis en chêne sur lesquels furent disposées les bases de la cathédrale. Le sol bien stabilisé, les travaux continuèrent et bientôt s'éleva dans le ciel de Strasbourg l'imposant édifice.

Mais, les va-et-vient incessants de la nappe phréatique emportèrent le sable sous la construction et une immense cavité se forma entre les troncs de chêne.

Elle se remplit d'eau, créant un immense lac souterrain.

On prétend que le puits de la loge des tailleurs de pierre de la cathédrale donnait accès à ce monde aquatique souterrain.

On dit que c'est à ce puits, déjà connu avant l'ère chrétienne, que les prêtres alsaciens venaient puiser l'eau pour les baptêmes.

Les eaux mystérieuses du lac étaient peuplées de bébés destinés à venir au monde à Strasbourg.

C'est ici que les femmes de Strasbourg, désirant obtenir un enfant, venaient en faire la demande.

Un gnome à chevelure et longue barbe blanche, assis sur une barque, au milieu de tous ces petits êtres, faisait office de « baby-sitter ».

Quand il recevait la commande, il examinait consciencieusement le bien-fondé de celle-ci et faisait des recherches pour savoir si cette famille était digne de recevoir un enfant, si le bébé y serait heureux, si les futurs parents pourraient nourrir cette bouche supplémentaire, etc.

Ces minutieuses recherches étaient bien sûr très longues et ce n'est que plusieurs mois après, quand l'avis était favorable, qu'avec une épuisette à mailles d'or, il pêchait un bébé et le déposait dans le seau du puits. Pendant la nuit d'autres petits gnomes réunissaient toutes leurs forces pour remonter le bébé à la surface.

La cathédrale de Strasbourg

Une cigogne, qui attendait sur la margelle, en prenait livraison et l'apportait au foyer des heureux parents.

Si les bébés d'aujourd'hui ne sont plus « livrés » par les cigognes, il n'en demeure pas moins que l'eau de la nappe phréatique est un problème d'une brûlante actualité.

Avec un poids de 7.000 tonnes, la cathédrale de Strasbourg, construite sur des fondations en mauvais état, s'est fissurée de haut en bas au niveau du massif occidental côté nord. Le problème a été résolu mais néanmoins de nombreuses fissures apparaissent aux voûtes. L'édifice repose effectivement sur des pilotis en chêne qui ont la particularité d'être imputrescibles et « éternels » quand ils sont immergés dans de l'eau.

A Strasbourg la nappe phréatique baisse, provoquant le pourrissement des pilotis.

Cette preuve formelle de l'importante présence d'eau dans le sous-sol de la cathédrale (et de Strasbourg) peut plonger le lecteur dans le doute quant au « sens » dont étaient pourvus les bâtisseurs pour choisir les lieux de construction des cathédrales.

Pourtant l'Onde de Vie de la cathédrale de Strasbourg est positivement bénéfique. Mystère.

La symbiose entre la bénéfique vibration cosmo-tellurique de ce haut lieu vibratoire, la chromatothérapie prodiguée par les couleurs des vitraux, la musique des orgues ou les chants grégoriens, le parfum subtil des cierges et de l'encens, le climat de mystère engendré par la lueur des cierges, l'ambiance sacrée propice au recueillement, influencent profondément la vibration des cellules humaines. Elle crée un état d'harmonie intérieure dont l'effet bénéfique se propage dans tout le corps.

En faisant intervenir les éléments « Spiritualité » et « Foi » on peut obtenir des incidences et résultats sur la vie physique et psychique insoupçonnés.

Jadis, les bûcherons coupaient les arbres à une époque de l'année déterminée en fonction de la sève contenue dans le bois. De même ils respectaient les quartiers de la lune selon que le bois était destiné au chauffage ou à la construction.

Observons un arbre.

Celui-ci croît verticalement avec une partie inférieure au contact du sol, nous l'appellerons pôle négatif, et une partie supérieure montant vers le ciel, la polarité positive.

Après avoir été abattus dans la forêt, les arbres sont débités à la scierie, en poutres ou en planches.

On ne tient pas compte des polarités et les charpentiers, par exemple, construisent des charpentes avec ces poutres.

Aussi, certaines poutres sont disposées pour le toit dans le sens de la pousse de l'arbre, c'est-à-dire le pôle positif, orienté vers le ciel.

Mais d'autres sont inversées.

Cette inversion, au bout de quelques années, suivant les champs magnétiques du lieu, a de fortes probabilités d'attirer la foudre.

De même, les planches disposées horizontalement doivent être orientées selon ces lois.

Cette analyse a pour but de faire comprendre que chaque « chose » a une âme ou tout au moins des polarités et de ce fait un sens.

Les pierres, elles aussi, sont régies par les lois de la nature.

La façon de travailler une roche, de l'état d'esprit du tailleur à la forme finale de la pierre, ont une importance cruciale. Le lieu où elle sera posée, la manière dont elle sera disposée, le sens de son orientation par rapport au champ magnétique terrestre et au champ énergétique, feront de ce simple minéral une pierre magique.

Depuis l'aube de la vie, l'homme a recherché les « points forts » de la planète. Ces centres magnétiques résultent de l'interférence entre les courants telluriques, les champs magnétiques terrestres, les lignes sismiques et la géologie (les failles, les cours d'eau, les gisements).

Mais ces hauts lieux magnétiques extrêmement puissants pouvaient être positifs comme ils pouvaient s'avérer négatifs.

L'homme de jadis, par ce savoir et cette connaissance, aujourd'hui perdus, savait comment canaliser ces énergies et connaissait le moyen de transformer un lieu négatif en un lieu positif.

Par des mégalithes ou des constructions parfois insolites les anciens ont su dompter ces forces de la nature et transformer certains sites extrêmement perturbés en lieux bénéfiques et régénérateurs, par l'utilisation de la puissance des courants.

De même, la cathédrale de Strasbourg a été bâtie sur un point d'énergie, à l'origine perturbé par différents facteurs, comme l'eau ou certains champs magnétiques.

Les sanctuaires antiques qui se sont succédé à cet emplacement étaient édifiés en fonction de ce savoir concernant les énergies cosmo-telluriques.

Les bâtisseurs de la cathédrale, par la forme des pierres, leur emplacement et une architecture appropriée, ont su créer ce haut lieu vibratoire.

Notons que certaines fissures et certaines réparations qui n'ont peut-être pas été effectuées selon les règles de l'art, ont légèrement modifié les vibrations initiales.

Précisons aussi que, comme dans chaque sanctuaire sacré, toute la surface de la cathédrale n'est pas irradiée d'ondes positives, ni uniformément bénéfiques. Certains points sont nettement plus puissants.

Une cathédrale devrait être visitée selon un rite établi, en passant sur certains points, en respectant des arrêts précis, des temps donnés.

Une cathédrale est un lieu sacré où ne peuvent bénéficier des précieuses effluves cosmo-telluriques, que les êtres dont la perception du subtil a atteint un certain développement.

L'architecture d'une cathédrale a une importante influence sur l'équilibre et l'harmonie interne mais aussi sur les proches environs extérieurs.

La cathédrale est en quelque sorte un point rayonnant qui, par une forme d'alchimie cosmo-tellurique, irradie des ondes bénéfiques aussi bien à l'intérieur qu'à l'extérieur.

Ces principes sont également valables pour notre achitecture actuelle.

Nous illustrerons cet important problème par un exemple flagrant.

Au sud de l'Alsace a été construit, par un maître de l'architecture moderne, un très bel édifice, aux lignes d'avant-garde, d'un blanc lumineux.

Les symboles sont très parlants.

C'est évidemment le béton armé qui a permis de réaliser ce chef-d'œuvre des temps modernes dont la forme, rappelant celle d'un bateau, semblerait mieux s'intégrer dans un paysage méditerranéen.

Cette œuvre futuriste est une chapelle.

Les personnes qui visitent les lieux ou y viennent en pèlerinage sont souvent surprises de ne pas y rencontrer cette atmosphère sacrée propre aux lieux de prières et d'avoir de réelles difficultés à se recueillir.

Généralement les visiteurs abrègent rapidement leur séjour dans la chapelle.

Pourquoi ?

Cette architecture ne respecte aucune loi d'harmonie de la nature et ne tient absolument pas compte, ni des vibrations du sol, ni des champs magnétiques. Elle confère à cet édifice, déjà empreint par la froideur du béton, une Onde de Vie fortement négative.

Que penser également de certaines constructions aux abords des grandes villes où règnent le béton armé, les matériaux synthétiques et anti-vie, la pollution électrique (sans parler des autres).

Par le principe magnétique d'attraction des semblables, ces édifices bâtis sur des zones perturbées par des accidents géologiques, amplifient le phénomène de nocivité et en font d'infernales habitations à dépression et à maladie.

Selon le principe du rayonnement extérieur des cathédrales, certains de ces immeubles, par leur forme, propagent les effets nocifs dans leur périphérie. Si les formes convexes sont généralement positives, les lignes concaves sont génératrices d'un rayonnement perturbateur.

Imaginons l'influence profondément néfaste que pourrait avoir, sur toute une ville, un édifice composé de matériaux anti-vie et anti-nature, aux formes concaves, bâti sur une zone perturbée.

Il est grand temps de prendre conscience de ce problème et de réagir.

Depuis de nombreuses décennies, les chercheurs du monde entier essaient de retrouver la connaissance et le savoir des antiques bâtisseurs. Du secret du nombre d'or à la répartition des volumes.

Après de très longues années de recherches assidues, utilisant les possibilités de l'électronique et de l'ordinateur, tout

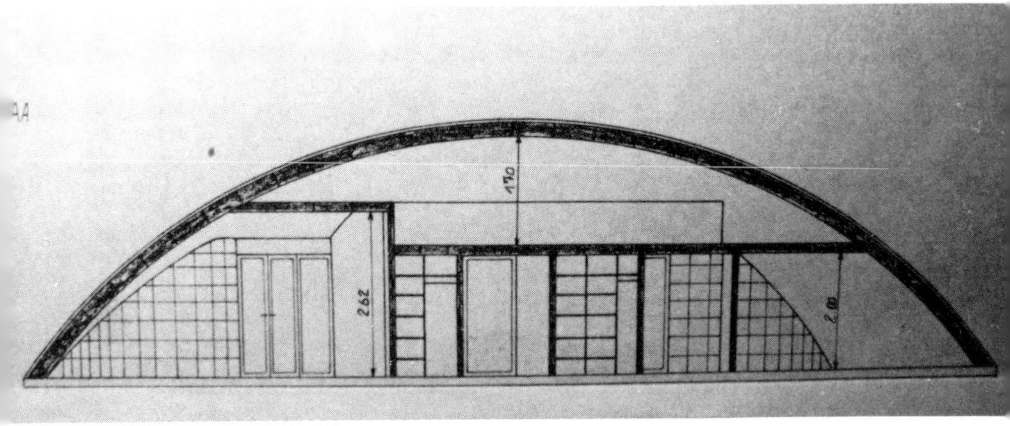
AA
170
262
2.00

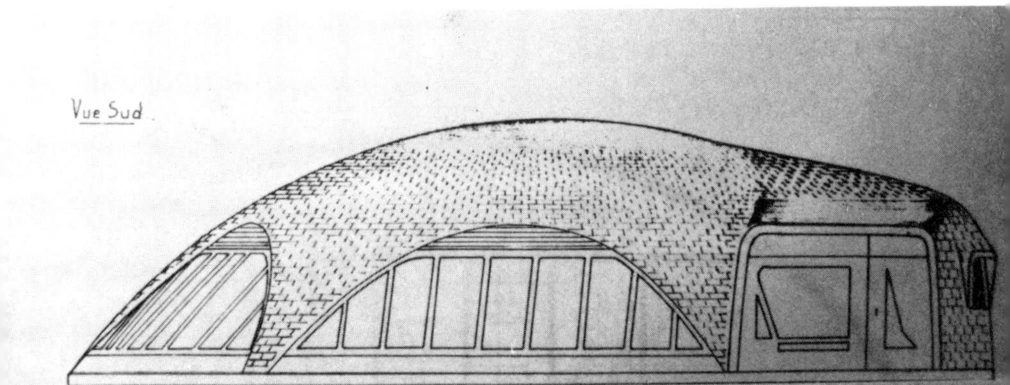
Vue Sud

Architecture biotique

en faisant appel aux perceptions extra-sensorielles, un chercheur redécouvre progressivement cette science antique et l'adapte à notre société actuelle.

Il l'a nommée l'architecture biotique solaire.

L'ARCHITECTURE BIOTIQUE SOLAIRE

La biotique résume en un mot l'ensemble des conditions nécessaires à la vie biologique et psychique de l'homme, à son évolution et son mieux-être au sein de son environnement et de son habitat.

Pour bien comprendre la biotique, il faut admettre que nous ne sommes qu'un agglomérat d'atomes, de protons, d'électrons au milieu d'autres atomes, protons, électrons...

Si une modification survient dans les vibrations de la matière environnante, les molécules de notre corps subissent les harmoniques de ces nouvelles vibrations, ce qui provoque, à plus ou moins brève échéance, une fatigue moléculaire se traduisant pour les êtres vivants par la maladie.

Le but de cette science « d'avant-garde » pour notre époque, mais utilisant les principes de base de la vie et de la nature, cst de mettre en harmonie l'homme avec la nature au sein de son habitat.

Les travaux de plusieurs chercheurs en différents domaines, relatifs à la santé et à l'équilibre, convergent vers la conclusion finale qui résume que le seul moyen de permettre aux humains d'annuler la plupart de leurs maux est d'évoluer psychiquement et positivement.

Les passionnants travaux de Gérard Blin, éminent chercheur en biotique et physique micro-vibratoire, ont permis de mettre à jour trois sphères d'analyses définissant trois thèmes :

— Le premier qui est l'action des matériaux, des terrains et des courants qui les traversent sur la composition moléculaire de l'homme, de l'animal, des plantes et de leurs courants internes.

Le déséquilibre des uns entraînant le déséquilibre des autres.

C'est la biotique.

— Le second qui est l'incidence de l'environnement sur le psychisme de l'individu et l'évolution du mental humain.

— Le troisième qui démontre par la physique, l'action incroyable de la pensée sur la matière et qui amène au respect de l'univers.

Cette forme d'architecture permet de régulariser les incidences des accidents géologiques sur l'équilibre cosmo-tellurique et de stabiliser l'Onde de Vie par la « canalisation » des courants telluriques et des champs magnétiques.

Ces originales « maisons rondes », grâce à une utilisation judicieuse, une disposition précise du bois, une orientation étudiée de la masse métallique de la dalle de base sur laquelle repose l'armature en bois qui soutient la coque de l'habitation, replacent l'homme dans un milieu cosmo-tellurique naturel.

Outre cette positive particularité, ces habitations de l'an 2000 sont antisismiques et anticycloniques.

Sur le plan du chauffage, par − 5°C extérieur, elles indiquent une température intérieure de 17,5°C, sans chauffage, ni soleil.

La température de base est due à l'amplification naturelle de la fréquence des matériaux, phénomène secondaire engendré par la conception biotique de l'ensemble architectural.

Les mesures effectuées en physique à l'aide d'appareils de mesures très élaborés, souvent créés de toutes pièces par le chercheur, pour mesurer résistances, intensités, capacités vibratoires et électro-magnétiques, fréquences, radiations, etc. rejoignent et confirment les mesures sensitives et intuitives de la radiesthologie.

Cinquième partie

SOURCES THERMALES ET SOURCES MIRACULEUSES

SOURCES THERMALES ET SOURCES MIRACULEUSES

L'Alsace et les Vosges possèdent de nombreux hauts lieux vibratoires qui prodiguent un magnétisme cosmo-tellurique bénéfique, régénérateur et guérisseur.

Les conseils, contenus dans cet ouvrage, sur le plan de l'exposition et des techniques de « recharge » en énergies vitales, se complètent par le respect du principe de base des trois enveloppes qui protègent la vie :

— alimentation saine et naturelle pour le corps,

— vêtements en fibres naturelles,

— habitation en harmonie avec les lois cosmo-telluriques.

Avec de la patience et de la persévérance, ces méthodes permettent d'avoir d'excellents résultats. Mais cette forme de « thérapeutique naturelle », basée sur le principe de la « vitalité » du corps humain, des aliments et de l'environnement, serait incomplète si nous n'abordions pas le domaine des sources, symbole de vie et de fécondité.

Depuis les premiers âges de la vie, l'homme a été fasciné par l'EAU dont il est issu. L'eau, source de vie aux multiples propriétés, que l'homme préhistorique recueillait avec soin dans des cavités naturelles ou creusées dans le roc.

Cette eau, après avoir été soumise aux influences cosmiques, servait à des fins thérapeutiques ou sacrées.

Contes et légendes évoquent ces mystérieuses fontaines de jouvence aux pouvoirs miraculeux.

Où sont ces vieilles croyances et mythes de ces sources guérisseuses dont les anciens savaient en tirer joie, vie et santé ? Pourtant le chemin de Compostelle, ce fameux parcours tellurique, suivi depuis le fond des âges par des milliers de pèlerins, était jalonné de sources et de puits guérisseurs.

Toutes les sources des villes d'eaux d'Alsace et des Vosges sont pourvues de qualités curatives évidentes mais nous ne citons au titre des « Lieux Magiques et Sacrés » que les villes qui sont dotées d'eaux indiquant au géodynamètre la mesure la plus élevée. Les eaux de Plombières dans les Vosges, de Neuwiller dans le Sundgau et de Niederbronn à l'extrême nord de l'Alsace, possèdent les plus puissantes « vitalités ».

Elles contribuent efficacement à déclencher le mécanisme qui engendre divers éléments positifs entraînant la guérison, telle une réaction en chaîne.

La « vitalité » de l'eau d'une source provient du magnétisme cosmo-tellurique du lieu, des minéraux radioactifs que rencontre l'eau souterraine et certainement d'une grâce divine. Le courant magnétique en provenance du Tyrol, par exemple, continue sa trajectoire vers la Bretagne après avoir « heurté » le granit du sud-ouest du massif vosgien. Ce phénomène produit un éclatement des énergies que l'on retrouve dans l'eau des stations thermales de Luxeuil, Bains-les-Bains et Plombières, chargée de ce magnétisme bénéfique.

Les Celtes, les Grecs, les Romains, vénéraient déjà profondément les sources. Ils attribuaient leurs vertus à un génie bienfaisant séjournant dans les entrailles de la terre.

Utilisées dans un but thérapeutique depuis les temps les plus reculés, les eaux thermales furent « domestiquées » par les Romains.

Leurs soldats, blessés et fatigués, retrouvaient santé et vigueur auprès de ces eaux bienfaisantes.

Dans le Sundgau, au début du siècle, plusieurs sources bénéfiques étaient connues de la population qui venait y chercher soulagement et guérison.

De nombreuses légendes racontent les guérisons miraculeuses ou les bienfaits de ces lieux magiques. Dans les foyers sundgauviens les enfants aimaient à écouter le récit de la découverte de la célèbre source Saint-Appolinaire près de Folgensbourg.

Au Moyen Age, un prélat de l'évêché de Bâle participait à une partie de chasse dans la forêt de Michelbach-le-Haut.

Poursuivant un cerf, il l'atteignit avec une flèche. Foudroyé, l'animal s'écroula et roula au sol.

Sa course s'arrêta dans un point d'eau, au milieu des hautes herbes.

Aussitôt que le cerf fut au contact de l'eau de la source, un frisson parcourut son corps et il se releva indemne et disparut à grands bonds dans les fourrés, laissant l'évêque ébahi. Celui-ci consacra la source à Saint-Appolinaire et fit édifier une chapelle de pèlerinage. De nombreuses personnes furent guéries en lavant leurs plaies ou leurs blessures avec l'eau de la source.

Près de Leymen, à la frontière suisse, face au château de Landskron, des pèlerins vinrent en foule, des siècles durant, pour laver dans la source jaillissent au flanc de la colline, les yeux des enfants aveugles en invoquant sainte Waldeburge.

SOURCE THERMALE DE NEUWILLER

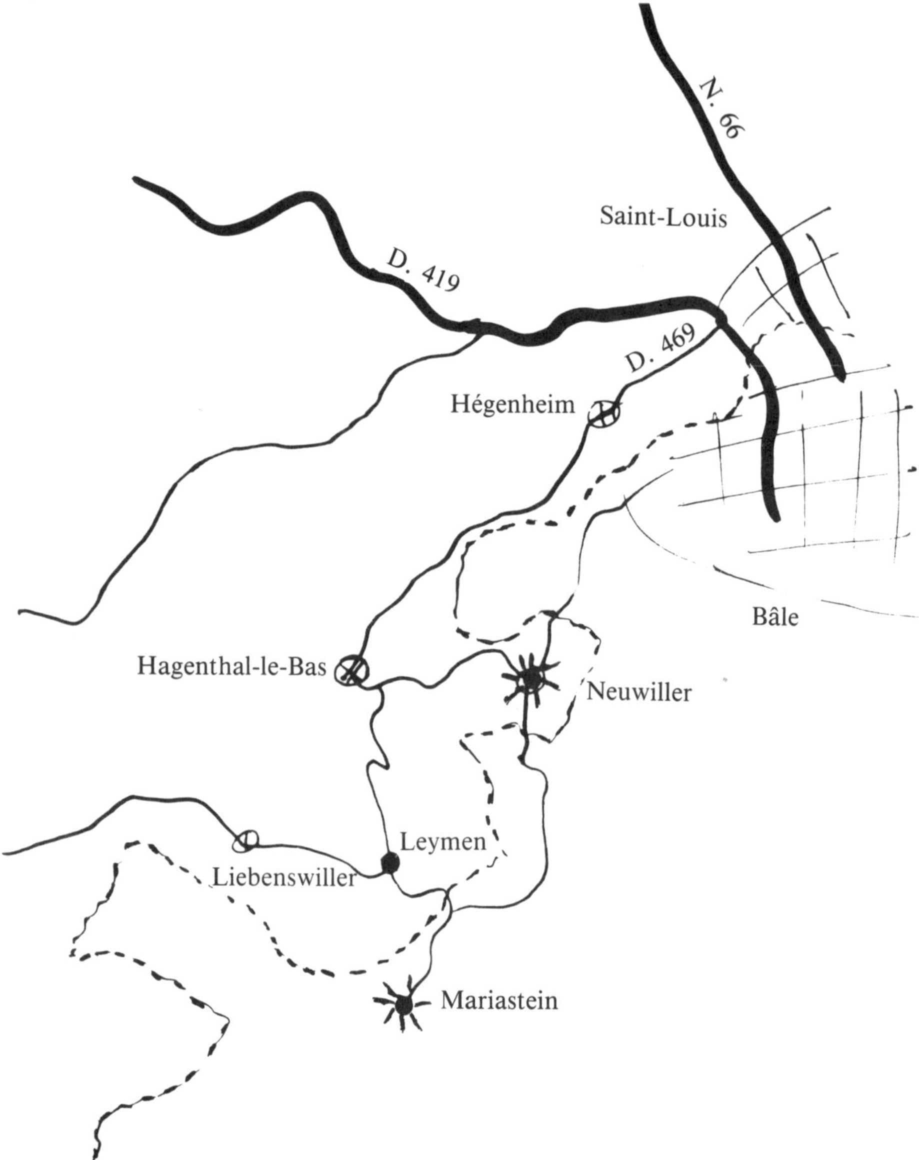

Il y a probablement un lien entre cette source et le haut lieu vibratoire suisse « Marienstein », situé de l'autre côté de la frontière, où l'Onde de Vie est particulièrement bénéfique dans la grotte.

La source thermale de Neuwiller qui jaillit non loin de Marienstein a un point commun avec ce lieu sacré : le pouvoir de guérison.

LES BAINS THERMAUX DE NEUWILLER

Il y a quelques années un forage de 1.063 mètres, effectué aux abords de Neuwiller a permis de capter une source d'une température de 37°. Modeste, mais très coquette dans son cadre champêtre, la petite station thermale de Neuwiller est à recommander aux personnes souffrant d'affections rhumatismales, de la polyarthrose généralisée à la rhizarthrose. Elle est aussi vivement conseillée aux convalescents de fractures.

Neuwiller possède un bassin où les curistes peuvent bénéficier des effets bienfaisants de l'eau mais le bain thérapeutique doit se limiter à vingt minutes et être suivi d'un repos de trente minutes.

La qualité et les vertus des eaux thermales de Neuwiller mériteraient une extension des bâtiments et un agrandissement du forage afin de pouvoir mettre un plus grand bassin à la disposition du public.

Le débit actuel est de 4 m^3/h. L'aspect de l'eau est jaunâtre. Sa saveur est métallique. Chaque bain devrait être accompagné d'une ingestion d'un verre de cette eau. Elle est de minéralisation importante, douce, bicarbonatée, chlorurée, sulfatée, sodique et calcique, à teneur importante en ammonium, fer et fluorures. Elle présente une grande propreté bactériologique.

Mesurée au géodynamère, la « vitalité » de l'eau de Neuwiller atteint + 17.

Près de Cernay, à Wattwiller, coule une source thermale, qui, semble-t-il, était connue des Romains.

A Dambach-la-Ville, la source qui coulait en contrebas de la chapelle Saint-Sébastien est tarie depuis de longues années.

Il en existe ainsi d'autres en Alsace, mais elles ne dépassent pas + 10.

Loin des pollutions des villes, Plombières, située à faible altitude, offre un climat tempéré dans un cadre largement boisé, baigné d'air pur et en parfaite harmonie avec les lois cosmo-telluriques.

BUSSANG

Rares sont les Alsaciens qui savent que cet ancien village de mineurs possède une antique source d'eau minérale, ferrugineuse, arsenicale, manganisifère, bicarbonatée et gazeuse, qui possède encore intactes ses propriétés.

Néamoins il semblerait que sur le plan bactériologique cette eau aurait un petit problème.

Les gens de la région lui accordent la vertu de soigner « l'anémie des jeunes filles » et de redonner des couleurs aux visages les plus pâles. D'après eux une cure d'eau de Bussang équivaut à une cure de... sang.

Bussang = sang bu.

LA SOURCE DU MONT SAINTE-ODILE

La plus connue des sources miraculeuses d'Alsace est incontestablement celle du mont Sainte-Odile.

La source Sainte-Odile, réputée pour ses bienfaits en cas de troubles oculaires est surtout bénéfique par sa très forte

« vitalité », elle dépasse + 20 au géodynamètre. Quand l'eau du mont Sainte-Odile est captée à une certaine époque de l'année elle a l'intéressante propriété, une fois mise en bouteille, de ne pas se putréfier.

D'après certaines informations cette eau serait utilisée par un laboratoire homéopathique pour la fabrication des médicaments.

Des sources thermales, la plus ancienne et la plus réputée qui possède, est-ce hasard, l'Onde de Vie la plus puissante, + 19 au géodynamètre, est celle de Plombières-les-Bains.

PLOMBIÈRES-LES-BAINS

Plombières se trouve au sud-ouest du massif granitique des Vosges au contact des roches cristallines et de leur couronne externe des Vosges gréseuses.

Cette station, dotée d'une cinquantaine de sources, dont certaines atteignent une température naturelle de 80°, doit son origine à un accident géologique.

Une faille thermale nord-ouest - sud-est traverse perpendiculairement le granit de l'auge de l'Avyronne et engendre cet heureux phénomène.

Les eaux de Plombières se caractérisent, sur le plan chimique, par leur teneur « oligo-métallique » et par leur faible minéralisation. Le total des substances dissoutes est compris entre 0,10 et 0,35 g/litre.

Elles possèdent une radioactivité naturelle de 4 à 6 millinicrocuries, accompagnées de gaz rares.

Cette radioactivité des eaux minérales baisse très vite après leur sortie du griffon, cela s'explique par la présence de dérivés du type Radon, sous forme gazeuse, qui s'échappe dans l'atmosphère. Les eaux de Plombières contiennent des quantités très faibles d'uranium naturel. Ces quantités sont largement en dessous des seuils de nocivité admis sur le plan biologique en cas d'utilisation humaine.

L'intérêt de la radioactivité est son efficacité dans le traitement de certains rhumatismes douloureux et son effet sédatif. Une des caractéristiques des eaux de Plombières est son onctuosité au toucher. C'est un phénomène qui n'a pas encore trouvé d'explication.

Elles font partie des eaux les plus fluorées de France. Sur le plan de la bioélectronique la résistivité des eaux est très élevée : 3.250 ohms à + 18°.

Le débit des eaux thermales de Plombières est de 610 m^3 par jour.

D'après les bijoux celtiques découverts à Plombières cette ville d'eau serait une antique bourgade pré-celtique du nom de « Plomen Birvi ».

Selon la légende, l'une des neuf vierges de l'île de Sein fut surprise en flagrant viol de sa foi et de son vœu en compagnie d'un jeune Armoricain, beau comme un dieu. Elle fut condamnée à être brûlée vive.

Pendant les préparatifs du supplice, son amant, déjouant la vigilance des gardes, vint la délivrer. Ils s'enfuirent vers l'est et traversèrent ainsi la Gaule dans sa largeur. Après de longs mois de marches harassantes ils arrivèrent péniblement aux montagnes du dieu Vogesus, couvertes d'épaisses forêts. Après avoir encore marché plusieurs jours, les fuyards se trouvent au-dessus d'une étroite vallée au fond de laquelle ils voient avec surprise s'échapper des vapeurs bouillonnantes. Le jeune amant, effrayé, s'imagina apercevoir les limites qui séparent le monde terrestre du monde infernal, mais sa compagne, initiée, en sa qualité de prêtresse, aux secrets de la vie et de la nature, voulut pénétrer les secrets de ce phénomène.

Plombières-les-Bains

Suivie de son amant terrorisé, la druidesse descendit hardiment dans la vallée.

Ils aperçurent alors, non loin d'un ruisseau qui faisait entendre un bruyant murmure, une vaste mare d'eau chaude, d'où s'échappait, à gros bouillons, la masse des vapeurs qu'ils avaient aperçues du haut de la montagne.

Ils décidèrent d'élire domicile auprès de cette source insolite, dont les émanations magiques les protégeraient des poursuivants. Ils bâtirent une petite hutte et savourèrent en toute quiétude leur bonheur.

Ils eurent beaucoup d'enfants qui se multiplièrent et peuplèrent la paisible vallée.

Les propriétés bienfaisantes des eaux thermales attirèrent beaucoup de monde en cette bourgade, appelée « Plomber » — eau chaude.

La base du traitement, par les eaux de Plombières, consiste en bains, pris en baignoire ou en piscine.

Des douches générales ou surpressées complètent cette thérapeutique, ainsi que les étuves, sous forme générale ou locale. Elles ont un bénéfique effet sédatif, obtenu par la radioactivité de type gazeux des eaux minérales.

Certaines sources d'eau froide permettent l'absorption par voie buccale.

Une cure à Plombières est une thérapeutique sans danger et peut être pratiquée sur les sujets d'un certain âge.

Mais la cure thermale est un acte médical complexe qui nécessite que tout curiste soit suivi pendant son séjour par un médecin particulièrement informé des techniques qui sont pratiquées à l'établissement thermal afin de donner une efficacité maximale à la cure.

Les eaux sont recommandées pour le traitement des maladies du tube digestif, des rhumatismes, des troubles gynécologiques, des névralgies et des dérèglements du système neuro-végétatif qui sont souvent à l'origine de nombreuses affections. L'efficacité de cette thérapeutique par les eaux minérales est accrue par l'environnement très propice à la guérison.

LUXEUIL-LES-BAINS

D'une température atteignant 63°, certaines eaux sont radioactives et salines, alors que d'autres sont ferrugineuses et manganésiennes. Connues des Celtes et des Romains, elles traitent les affections gynécologiques, certains cas de stérilité, les troubles du système nerveux, les rhumatismes, les anémies. (Bains, douches, boisson).

BAINS-LES-BAINS

Depuis les Romains, en l'an 90, les eaux de Bains-les-Bains ont une action antispasmodique et vaso-dilatrice.

C'est la station amie des malades du cœur et des hypertendus.

Ses eaux sont faiblement minéralisées mais fortement radioactives.

NIEDERBRONN-LES-BAINS

A l'extrême nord de l'Alsace, dans une région très pittoresque, composée de bois et de verdure, la station de Niederbronn utilise des eaux réputées depuis l'antiquité. « La Perle des Vosges du nord » est située à une altitude modérée, dans le parc naturel régional.

NIEDERBRONN-LES-BAINS

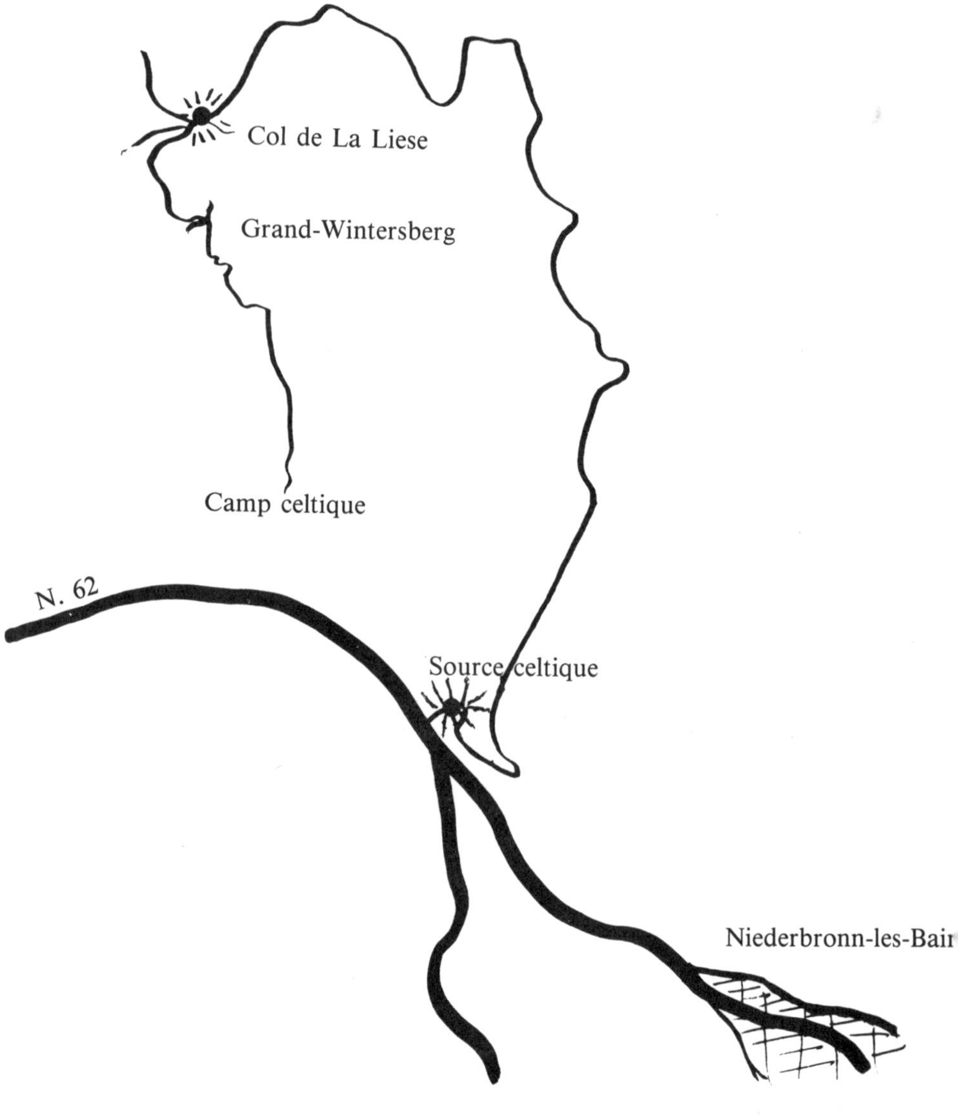

Les eaux de la Source Celtique et de la Source Romaine traitent particulièrement l'obésité, la goutte, la lithiase, les affections rhumatismales et le traitement des maladies nerveuses.

Les Romains, amateurs d'eaux thermales, vénérèrent déjà en leur temps les vertus salvatrices des eaux de Niederbronn, attribuées à une origine divine, mais ils les utilisèrent surtout à des fins balnéaires et hygiéniques.

Les trouvailles archéologiques et les vestiges historiques, démontrent que la région était déjà appréciée des Celtes et même depuis la plus haute antiquité.

Au-dessus de la Source Celtique, au col de la Liese, d'une altitude de 514 m, un rocher comporte la sculpture d'un buste de femme, d'origine celte.

Cette œuvre préhistorique représente probablement l'image d'une déesse-mère, certainement en liaison avec la source située en contrebas, symbole de la fécondité.

Non loin du col de la Liese, un contrefort du grand Wintersberg, le Ziegenberg, a connu l'occupation celtique.

Le sommet de la montagne est entouré d'une enceinte de pierre sèches.

L'Onde de Vie et les vestiges de ce « camp celtique » tendent à prouver que ce site est un ancien sanctuaire druidique.

Au château du Wasenburg qui domine Niederbronn, des trouvailles de vestiges antiques attestent la présence d'un temple dédié à Mercure.

A une dizaine de kilomètres de Niederbronn, l'énorme et spectaculaire rocher de grès sur lequel fut édifié le château de Falkenstein, possède une Onde de Vie très intéressante. Par sa situation de belvédère dominant les environs, cette masse rocheuse de grès rose, habilement et curieusement sculptée par la nature, aurait pu être un lieu prédestiné à un culte solaire.

Au centre de Niederbronn, la « Source Minérale », dite Romaine, chlorurée, sodique et carbogazeuse, jaillit du sol à une température de 18,1°. Elle est spécialement indiquée en balnéation pour les affections rhumatismales dégénérescentes, inflammatoires, métaboliques, les séquelles de traumatismes ostéo-articulaires.

Par voie buccale elle est salutaire pour les personnes souffrant du foie et de l'estomac. Elle stimule la digestion par son action sur les sécrétions gastriques. Elle a une action bénéfique dans les cas de troubles circulatoires.

La « Source Celtique », dite Lichteneck, considérée comme la source médicinale, se trouve en dehors de la ville, dans un beau jardin public, en lisière de la forêt. Elle se classe parmi les eaux les moins minéralisées de France.

C'est une eau oligo-métallique par excellence. Elle opère de véritables lavages rénaux, désintoxique les goutteux, les lithiasiques et effectue une action de désinfiltration des tissus dans l'obésité et la cellutite. Sa température est de 10°.

Administrées en balnéation et en douches chaudes, les eaux de Niederbronn ont un effet calmant et sont très efficaces dans le traitement des maladies nerveuses.

La station est dotée d'un établissement thermal et d'un centre de convalescence et de régime.

Niederbronn-les-Bains est le lieu idéal pour les cures de repos et d'élimination des toxines. Il y règne une ambiance de calme et de détente qui est la bienvenue pour les sédentaires surmenés et « encrassés ».

La cure hydrominérale, alliée aux promenades tonifiantes et délassantes, en ces lieux où l'Onde de Vie est très bénéfique, relance le métabolisme, stimule les fonctions digestives, circulatoires et respiratoires.

Le château du Falkenstein

La Liese

Elle apporte la détente des muscles, la relaxation de l'esprit et des nerfs et permet ainsi l'élimination des toxines physiques et psychiques.

Niederbronn est une petite cité dont le charme ne cède en rien aux autres villes d'Alsace, avec ses 200 m d'altitude son climat doux et sédatif.

Son nom, Niederbronn, veut dire « Fontaine inférieure » et sa ville jumelle, Oberbronn, « Fontaine supérieure », se trouve à deux kilomètres.

Dans cette petite ville, historique par ses bains, son casino, ses parcs et jardins fleuris et édifices religieux, naquit, voici un peu plus de 1 siècle 1/2, une petite paysanne, Elisabeth Eppinger, à une époque où la France sortait des terribles secousses d'une Révolution et de l'Empire, épuisée par des guerres et massacres.

Elisabeth fut une messagère divine, révélée par ses dons de voyance, d'amour et de paix, calmant les uns, secourant les autres, avec cette ardeur et cette intensité que prouve une foi profonde, lumineuse et miraculeuse. Elle créa la Fondation des sœurs du Très Saint Sauveur.

Telle fut l'œuvre de la révérende mère Alphonse Marie, de 1814 à 1867, œuvre qui répondait parfaitement aux besoins de son temps et à cette richesse de vie intérieure, aussi ardente, et, si détachée d'elle-même par son dévouement sans limite qui caractérise encore aujourd'hui les activités des sœurs du Très Saint Sauveur dans toute l'Alsace, auprès des malades, dans les cliniques, dispensaires, orphelinats, crèches, ouvroirs, œuvres paroissiales.

Durant toute sa vie, Elisabeth Eppinger dut lutter pour préserver une santé fragile. Dans sa vingtième année elle avait contracté une fièvre typhoïde.

En 1846-1848, commencèrent les apparitions mystiques. Alors débuta cette phase de sa vie qui va faire d'elle « la voyante de Niederbronn », une voyance d'événements politiques, se rapportant à la situation contemporaine. L'abbé Schurlin de l'époque concluait ainsi : « Il ne faut pas éteindre la lumière qui jaillit des dons de l'Esprit, mépriser les prédictions et les enseignements qui en viennent, mais en user avec discernement. Ce qui ressort des visions de l'extatique c'est que notre époque est un temps de crise et de convulsions — parfois violentes et qu'il faut s'attendre à de grands événements et en cette prévision, prier et espérer, car le seigneur peut commander aux vents et à la tempête ».

Sages réflexions d'une époque profondément religieuse et croyante.

Pendant ses deux années de maladie, Elisabeth reçut dans sa chambre des visites. Du matin au soir on venait lui demander conseils et prières et chacun en sortait réconforté.

C'est grâce à Mgr Roess et au dévouement de l'abbé Richard, que Elisabeth Eppinger verra se réaliser son vœu le plus cher, celui de sa première fondation, sa nouvelle congrégation, en recevant des mains de la vicomtesse de Bussière l'habit de postulante qui consistait en une robe brune, une pèlerine noire, un col blanc montant et un petit bonnet blanc.

Le 28 août 1849, le vicomte et la vicomtesse de Bussière vinrent prendre Elisabeth à la maison paternelle pour la conduire dans leur voiture à sa nouvelle demeure « la Klosterie » au petit couvent, comme les habitants de Niederbronn l'appelèrent toujours ainsi par la suite.

La « Klosterie » n'existe plus, hélas... Elle a été détruite en 1930, mais la terre garde toujours sa chaude vibration. Nous pouvons encore y admirer la chapelle du couvent, style gothique, de grès rose.

Retenons cette réflexion de l'abbé Richard à cette époque :

« Sur la terre, il y aura toujours de l'imperfection, nous recevons les pierres brutes de la carrière du monde. Nous les

Source celtique de Niederbronn-les-Bains

travaillons dans la maison mère au noviciat et dans les différentes maisons où les sœurs servent, il faut parachever l'œuvre commencée ».

Ses fondations, durant l'année 1852, avaient été nombreuses. Elles s'étendaient surtout dans le Bas-Rhin et puis dans le Haut-Rhin près de Colmar et à Altkirch.

Le dévouement de ces sœurs va surtout se manifester sur les champs de bataille, entre le choléra et la guerre.

La maison mère fut trois fois menacée de destruction et trois fois elle resta intacte au milieu des dévastations environnantes. L'ennemi en fut chaque fois étonné.

Voici un fait relaté par un soldat en 1871 :

« Un jour une jeune fille de Wurtzbourg confiait à un ami de sa famille sa décision de rentrer au couvent de Niederbronn et celui-ci de répondre :

— Ah, mademoiselle, je connais cette maison, il y a quelque chose de curieux là-dedans. Nous avons braqué nos canons pour la démolir et chaque coup partait à côté. Si cette maison paraissait invincible, le miracle ne tenait qu'à la prière en ces lieux — (ces sœurs qui priaient, les bras en croix).

En 1945, le village d'Oberbronn disparaissait sous les ruines. Les murs du couvent furent à peine touchés et les Américains de dire :

« Dieu protège cette maison ».

La thérapeutique par les sources minérales, médicinales, thermales ou miraculeuses, est connue depuis les temps les plus reculés, comme le prouvent les découvertes archéologiques effectuées sur ces lieux.

L'efficacité de cette « thérapeutique par l'eau » est accrue par la présence du magnétisme cosmo-tellurique démontrée par la « vitalité » mesurée au géodynamètre.

L'Alsace a l'heureux privilège d'être dotée de nombreuses sources qui confirment sa vocation de « terre magique et sacrée ».

Mesures effectuées au géodynamètre :

— Plombières : + 19 (en moyenne).

— Neuwiller : + 17

— Niederbronn : + 18 (source romaine, à la sortie des sources).

— Eau de table sous emballage plastique : – 10.

Sixième partie

LE MAGNÉTISME COSMO-TELLURIQUE

— Comment en bénéficier ?
— Comment le capter ?
La santé par le magnétisme cosmo-tellurique.

COMMENT BÉNÉFICIER ET CAPTER LE MAGNÉTISME COSMO-TELLURIQUE

— **En promenade :**

Les zones bénéfiques, comme le Kastelberg, dans le Sundgau, le massif du Taennchel ou la forêt de Haguenau, sont les lieux où le magnétisme cosmo-tellurique s'irradie sur de grandes surfaces. Pour bénéficier de ces énergies, il est suffisant de se promener en ces lieux pour que l'organisme puisse faire son plein d'énergie (comme une batterie d'automobile qui se recharge).

Lors de ces promenades bienfaisantes nous vous conseillons de faire appel au mental pour bien canaliser ces ondes revitalisantes :

— prenez conscience qu'entre les forces cosmiques, venant du cosmos et les forces telluriques jaillisant du centre de la terre, s'opère une alchimie régénératrice dont vous êtes l'heureux bénéficiaire,

— pensez que, selon la loi du microcosme et du macrocosme, l'homme est un univers en miniature et que l'infiniment petit est régi par les mêmes principes que l'infiniment grand.

Pour bénéficier au maximum de ces sorties, il convient de faire le calme en soi et de se mettre en harmonie avec la nature.

— Apprenez ou réapprenez à « regarder » une fleur, un arbre, humez et distinguez leur parfum subtil.

— Sachez percevoir le bruissement des feuilles quand le vent joue dans les arbres.

— Ecoutez le silence d'une clairière inondée par un soleil éblouissant.

— Ne vous lassez pas du bavardage mélodieux des oiseaux.

— Attardez-vous au bord d'un ruisseau bruyant qui se faufile entre les rochers.

Selon la puissance de l'Onde de Vie et la disponibilité du promeneur, généralement deux heures de promenade suffisent à le régénérer et à apporter calme et détente. Effectuer hebdomadairement une promenade revitalisante, d'une heure chaque fois, est plus positif que de passer quatre heures d'affilée sur un haut lieu vibratoire.

Les sorties salutaires, pour toute la famille (enfants en bas âge et personnes âgées) sont les promenades sur les lieux où l'Onde de Vie mesure entre + 20 et + 28.

Quand l'Onde de Vie dépasse + 30 il convient de limiter le temps de « recharge » à une heure pour ne pas brusquer l'organisme et risquer de provoquer des perturbations chez les sujets « fatigués ».

L'énergie subtile de l'air :

L'air contient une substance subtile que les écoles de yoga dénomment le « Prâna » et les occultistes la « force ». Cette énergie subtile qui nous entoure est plus puissante sur les hauts lieux vibratoires.

Nous conseillons aux découvreurs des lieux magiques et sacrés de capter cette énergie supplémentaire par la méthode que nous exposons.

C'est par la respiration qu'il est possible d'emmagasiner cette substance. Il faut tout d'abord apprendre à respirer d'une façon spéciale, de manière à capter ce fluide vital et à le fixer en soi.

1) Expiration profonde afin de chasser tout l'air des poumons en contractant le ventre,

2) Inspiration par le nez en gonflant le ventre, puis la partie moyenne des poumons en soulevant les côtes, et la partie supérieure,

3) Gardez quelques instants l'air dans les poumons (rétention),

4) Expirez lentement en commençant par vider le ventre,

5) Gardez quelques instants vos poumons vides, puis inspirez à nouveau lentement.

Il est possible d'ajouter un rythme à ce genre de respiration afin d'amplifier les effets positifs :

— 3 temps pour l'inspiration,

— 3 temps pour la rétention,

— 6 temps pour l'expiration,

— 3 temps pour le vide.

La faculté de capter la « force » est étroitement liée avec le taux vibratoire de l'exécutant. Plus ce taux est élevé, plus grandes sont les possibilités de stockage des éléments subtils de l'air. La substance énergétique de l'air est plus puissante aux premières heures du jour.

MÉTHODES POUR CAPTER LE MAGNÉTISME COSMO-TELLURIQUE

A) Par la méthode de recharge rapide « Trait d'Union » :

Dans certains cas une exposition de 10 à 15 minutes sur un haut lieu vibratoire suffit pour reprendre des énergies. Sur les points où le magnétisme terrestre est concentré sur quelques mètres carrés, comme autour d'un menhir, ou d'un dolmen (jamais sur le dolmen où la polarité est négative) ou dans une chapelle, la recharge en énergies peut se faire plus rapidement selon la méthode du « Trait d'Union ».

Elle consiste à considérer l'humain comme un être « capteur et antenne ».

Les bras font office d'antennes réceptrices et les jambes de capteurs.

1) Faites le calme en vous, considérez-vous comme étant le trait d'union entre les forces cosmiques et telluriques,

2) Ecartez les bras et tendez les au-dessus de la tête, en forme de « V », les paumes face au ciel,

3) Ecartez légèrement les jambes en forme de « V » à l'envers,

4) Méditez quelques instants sur ce rapport de force dont vous êtes le centre,

5) Imaginez le flux vital venant du sol et montant par vos pieds-capteurs et le flux vital descendant du cosmos et coulant en vous par vos bras-antennes et se propageant dans votre corps.

B) La méthode de relaxation-recharge

La méthode la plus agréable pour bénéficier du magnétisme terrestre consiste à être directement en contact du sol, allongé sur une couverture. Cette méthode, très efficace, allie la relaxation classique à la recharge en énergie cosmo-tellurique pour créer une harmonie vibratoire entre l'exécutant et le lieu, afin de décupler et de dynamiser tous les éléments positifs.

Cette façon de procéder est applicable sans contre-indication, dans la mesure où l'on ne dépasse pas 15 minutes les premières fois.

— **Mise en condition :**

1) Munissez-vous d'une boussole et mettez-vous de préférence face au nord en position debout, la colonne vertébrale bien verticale.

— **Décontractez la cage thoracique :**

• entrecroisez les doigts, les paumes vers l'extérieur,

• tendez les bras et placez-les au-dessus de la tête, tout en inspirant profondément,

• tendez les bras en arrière, puis relâchez la tension en expirant et en baissant les bras.

Cet exercice est à faire trois fois.

— **Décontractez le cou et la thyroïde :**

• Tournez la tête vers la droite en tirant sur le cou puis tournez la tête vers la gauche en tirant sur le cou et revenez à la position initiale.

Cet exercice est à faire trois fois.

2) Mettez-vous en position allongée, la tête au nord, les pieds au sud.

— **Décontractez le plexus solaire :**

• inspirez et soulevez les pieds joints,

• décollez la tête et les épaules,

• tendez les muscles des abdominaux,

• expirez fortement en laissant retomber les pieds,

• « récupérez » en respirant calmement puis recommencez encore deux fois cet exercice en intercalant une période de récupération.

— **Décontractez les bras et les jambes :**

• tendez les muscles de vos pieds en tirant les orteils vers la tête,

• tendez les muscles de vos mollets, de vos genoux, de vos cuisses,

• serrez les poings en même temps, lentement et fortement,

• tendez les muscles de vos bras, de vos pectoraux,

• relâchez en expirant fortement et « récupérez » quelques secondes.

Cet exercice est à faire trois fois en intercalant une période de récupération.

Ensuite inspirez profondément, amplement et gardez votre respiration quelques instants et expirez très lentement en sentant la détente et le bien-être s'installer en vous.

• Pensez au sommet de votre crâne, vous devez sentir une faible pulsation,

• vous relâchez le sommet de votre tête,

• pensez à votre front qui se détend, qui devient léger,

• pensez à vos yeux,

• pensez à vos paupières, aux petits muscles qui sont autour de vos yeux et qui se détendent,

• pensez à vos joues, à votre nez,

• pensez à votre bouche, à votre mâchoire, à votre langue,

• vous décollez votre langue qui se détend,

• pensez à votre cou, à vos cordes vocales qui se relâchent,

• maintenant vous allez porter votre attention à votre nuque qui est au contact du sol, à votre cou, à vos épaules, à vos bras, à vos coudes, à vos mains, à vos doigts, qui se relâchent, se détendent,

• vous pensez à votre dos,

• vous sentez votre dos qui est au contact du sol,

• vous descendez à vos reins, à vos hanches, à votre bassin,

• la détente envahit vos cuisses, vos genoux, vos mollets, vos pieds,

• vous sentez vos talons qui reposent sur le sol.

Vous inspirez profondément, amplement, vous gardez votre respiration quelques instants et vous expirez très lentement et vous sentez la détente, le bien-être s'installer en vous,

• vous pensez à vos poumons qui se gonflent et se relâchent lentement.

A chaque expiration vous sentez votre corps se détendre de plus en plus profondément.

• vous pensez à votre cœur qui bat lentement et puissamment.

Cette progression de détente et de décontraction peut être enregistrée sur bande magnétique et écoutée au début pour attendre le processus.

— **Respiration :**

Cette bio-respiration est basée sur la prise de conscience de la respiration. Il faut commencer par prendre conscience que notre nez existe et que ses ailes doivent se dilater lors des inspirations.

• Faites quelques inspirations en dilatant les narines.

Nous avons l'habitude de respirer avec la partie supérieure de nos poumons et de ne pas utiliser la pleine capacité de ceux-ci.

— **Respiration ventrale :**

• posez les mains sur le ventre (de chaque côté),

• gonflez le ventre en inspirant,

• expirez en contractant le ventre.

Renouvelez plusieurs fois cet exercice sans vous crisper en étant calme et détendu.

C) Approfondissement de la détente :

— Vous pouvez approfondir cet état de détente et vous plonger dans un état de torpeur en imaginant que vos membres s'alourdissent,

— vos bras,

— vos jambes,

— votre dos,

— votre bassin.

A chaque expiration votre corps devient plus lourd, plus engourdi.

— Quand votre corps est lourd « comme du plomb », imaginez que vos membres deviennent chauds, que votre plexus solaire devient brûlant.

— Le vide mental :

Arrivé à cet état de torpeur, vous « filtrez » vos pensées, vous ralentissez leur cours puis vous les arrêtez et vous faites le « vide » — le « noir » pendant quelques instants.

— Vous faites partie intégrante du lieu bénéfique où vous êtes allongé.

— Vous vibrez à son même rythme.

— L'Onde de Vie, le flux vital du lieu se mêlent à vos énergies.

— Respiration complète :

• Inspirez en gonflant le ventre,

• puis soulevez les côtes,

• ensuite faites passer l'air au sommet des poumons,

• gardez quelques instants l'air dans les poumons (rétention) et expirez lentement,

• gardez quelques instants vos poumons vides puis inspirez à nouveau lentement.

— **Respiration complète rythmée :**

Même principes, mais en comptant par exemple

3 temps pour l'inspiration,

3 temps pour la rétention,

6 temps pour l'expiration,

3 temps pour le vide.

Au fur et à mesure des inspirations, ressentez les énergies montant du sol. Elles sont captées par vos mains, votre colonne vertébrale, votre dos... par toutes les parties de votre corps qui sont en contact avec le sol. Vous êtes une **éponge** qui s'imbibe du magnétisme cosmo-tellurique. Le magnétisme terrestre peut aussi vous apporter des idées créatrices, des solutions à vos problèmes, etc.

Aucune pensée ne doit venir dans le champ. Si une pensée se manifeste, repoussez-la. Au fil des exercices, essayez de prolonger cette période de « vide mental ».

D) Réveil :

Pour vous réveiller

— Inspirez plus profondément,

— remuez vos orteils,

— mâchez votre salive,

— ouvrez les yeux,

— remuez les mains et les pieds et levez-vous très doucement, en vous étirant.

Votre corps s'est imprégné de la vibration bénéfique du lieu et il est fort probable que votre taux vibratoire et votre vitalité se soient élevés de quelques degrés.

Cette méthode permet de se recharger physiquement mais aussi de se régénérer intellectuellement, soit en préparation d'un effort cérébral important, soit pour reprendre des énergies après une dépense de vos réserves.

E) Se recharger à distance

Quand on connaît très bien un lieu bénéfique et que ce lieu est devenu « son lieu préféré », il est possible de bénéficier du magnétisme cosmo-tellurique à distance, mais cette éventualité est réservée aux personnes pourvues d'une très bonne possibilité de concentration.

Pour une séance de magnétisme terrestre à distance vous vous installez confortablement dans un fauteuil, vous faites le calme en vous-même, vous vous décontractez selon la méthode précédente (relaxation recharge) et vous vous transportez mentalement sur votre lieu favori.

Vous recréez dans votre esprit le lieu et vous vous imaginez effectuant la méthode.

Cette méthode peut être très éprouvante pour les personnes non préparées. Elle ne doit en aucun cas dépasser cinq minutes et doit être obligatoirement approchée d'une façon très progressive à raison d'un maximum d'une minute pour la première séance.

F) L'arbre magnétiseur

Dans les forêts bénéficiant d'une Onde de Vie harmonieuse, les êtres fatigués ou déprimés, les personnes du troisième âge, ont la possibilité de reprendre des énergies vitales au contact des arbres.

Ces personnes constatent généralement au cours du « transfert » que « quelque chose » se produit et habituellement elles rentrent chez elles réconfortées, plus légères, avec plus de tonus.

Dans les forêts du Kastelberg dans le Sundgau, du Taennchel près de Ribeauvillé ou de Haguenau, les arbres possèdent le « don » de transmettre des énergies vitales.

Choisissez un arbre de préférence avec un tronc puissant, qui vous inspire la sympathie. C'est le premier point pour un échange harmonieux.

La méthode consiste à appliquer les paumes des mains sur le tronc de l'arbre et par une sorte de méditation d'entrer en contact avec lui, de communiquer avec lui, éventuellement lui parler, de partager quelque chose, de lui apporter votre présence, votre qualité d'humain et de recevoir en échange l'énergie bienfaisante.

Il est aussi possible d'appliquer la colonne vertébrale au contact de l'arbre et d'utiliser la méthode précitée pour sentir une onde bienfaisante se propager dans tout le corps.

Il est très important de « communiquer » avec l'arbre et non pas de lui « prendre » l'énergie.

Il pourra, au fil des séances, devenir votre fidèle (et discret) ami et confident.

Les séances peuvent durer entre 5 et 10 minutes.

Si l'on commence à se sentir « engourdi » il faut arrêter l'exposition.

Ne jamais oublier de « remercier » l'arbre et de le « saluer ».

G) Méditation - Recueillement - Prière :

Nous vous avons présenté différentes méthodes pour bénéficier au maximum des hauts lieux vibratoires. Certains d'entre vous préféreront une méthode qui est la plus simple et la plus usitée depuis des millénaires, nous la résumons en trois mots que chacun pourra interpréter selon sa vie intérieure :

« Méditation - Recueillement - Prière »

Cette méthode ancestrale est nettement plus efficace quant les êtres qui l'emploient connaissent les mécanismes qui ont été exposés dans les différentes méthodes.

Comme nous l'avons vu, tout au long de cet ouvrage, c'est dans les lieux où l'Onde de Vie est très élevée, qu'il y a un échange avec le monde céleste.

LA SANTÉ PAR LE MAGNÉTISME COSMO-TELLURIQUE

Guérir sans médicaments, uniquement en faisant appel à la nature. Ce rêve peut devenir réalité pour les êtres qui apprendront à canaliser les énergies cosmo-telluriques et à respecter les trois enveloppes protectrices de la vie.

Ce que nous appelons « maladie » est une fausse note dans la merveilleuse symphonie de la vie et de la nature. La vibration de la vie est protégée par trois enveloppes protectrices :

— la première enveloppe est notre **corps** que nous devrions entretenir avec une alimentation saine, à base de produits naturels et de légumes biologiques ou cultivés selon des principes sains. Il est regrettable de constater que la majorité des êtres attribuent de moins en moins d'importance à leur alimentation et ne se soucient pas de la provenance des aliments qui servent à construire leur corps. On a de plus en plus tendance à ne tenir compte que d'un seul facteur : le prix, (au détriment de la qualité), il conviendrait d'appliquer les principes de l'alimentation « dissociée ».

— La deuxième enveloppe protectrice est notre **vêtement** qui devrait se composer d'éléments naturels comme la laine, le coton, le lin ou la soie. Les produits synthétiques provoquent des troubles dont on ignore souvent la provenance et enferment le corps dans une véritable prison d'électricité statique. Il est vrai qu'à notre époque où tout doit aller vite, le synthétique sèche plus vite, se repasse plus vite (ou pas).

— La troisième enveloppe protectrice, celle qui est au fil des siècles a été « oubliée », négligée, et qui pourtant est la base de notre équilibre et de notre santé, c'est notre environnement et plus spécialement notre **habitation.**

Nous avons abordé le sujet de l'habitation et donné des exemples au cours de cet ouvrage. Nous constatons souvent que de nombreux maux proviennent exclusivement du lieu où demeurent les êtres, de la qualité de l'Onde de Vie de leur habitation. Les rayonnements nocifs, crées par les accidents géologiques, (cours d'eau souterrains, failles, gisements, etc.) sont parfois considérablement amplifiés par les constructions modernes à base de béton armé, de matériaux synthétiques et d'électrifications ou d'isolations internes.

Fatigues, insomnies, dépressions nerveuses, maladies cardio-vasculaires, dégénérescences diverses, cancer... sont directement liés au respect des trois enveloppes protectrices de la vie.

Pour guérir il conviendrait avant tout de se mettre en harmonie avec les lois de base de la vie et de la nature :

— Habitation construite avec des matériaux naturels, édifiée sur un terrain sain ou équipée d'un dispositif rétablissant l'équilibre cosmo-tellurique.

— Alimentation saine et équilibrée.

— Vêtements en fibres naturelles.

— Culture du positivisme dans notre esprit.

Pour recouvrer la santé, la nature met à notre disposition deux « remèdes » :

— Les plantes, utilisables en tisanes, décoctions, dilutions diverses, compléments alimentaires. Il existe sur ce sujet de nombreux ouvrages traitant des innombrables vertus de nos amies les plantes.

— Le magnétisme cosmo-tellurique dont nous vous communiquons la méthode pour en bénéficier.

L'Onde de Vie élevée des hauts lieux vibratoires produit un mécanisme de régénération de l'organisme mais aussi enclenche généralement un processus positif de guérison.

Les personnes très « fatiguées » ne devraient pas s'exposer sur les lieux où l'Onde de Vie est trop puissante et dépasse + 28.

La méthode :

— Choisissez le lieu qui vous convient par rapport à votre état général,

— mettez-vous en état de disponibilité pour « recevoir » les énergies, selon les méthodes précitées (relaxation, recharge trait d'union) ou simplement par la méditation, le recueillement ou la prière,

— captez les énergies comme nous vous l'avons exposé en imaginant le flux vital, venant du sol, montant en vous par les pieds-capteurs et le flux vital, venant du cosmos, coulant en vous, par les bras-antennes,

— canalisez mentalement ces flux bienfaiteurs et guérisseurs vers l'organe ou le point du corps malade ou déficient,

— petit à petit matérialisez mentalement ce flux guérisseur par une couleur blanche, comme si un liquide blanc venait en vous par les voies cosmiques et telluriques pour vous « laver » et vous purifier.

Cette méthode permet de régénérer efficacement un organe défaillant ou d'accélérer sensiblement le processus de guérison d'un convalescent.

Une séance d'auto-guérison cosmo-tellurique doit toujours être suivie d'une séance de repos et de détente d'une durée de 20 à 30 minutes.

Une séance par jour, ou dans certains cas, une le matin, une l'après-midi, est très largement suffisante pour avoir d'excellents résultats.

Septième partie

GRAND : CENTRE DE CURE ANTIQUE POUR LA GUÉRISON DU CORPS ET DE L'ÂME

Grand

GRAND : CENTRE ANTIQUE DE LA GUÉRISON DU CORPS ET DE L'ÂME

Nous voilà bientôt arrivés au terme de cet ouvrage présentant les particularités cosmo-telluriques de l'Alsace et des Vosges. Nous souhaitons conclure cette étude en apportant la confirmation suprême de leur vocation « magique et sacrée » et de leurs pouvoirs de guérison.

Cette preuve formelle réside dans le sous-sol du village de Grand, dans les Vosges, où l'on retrouve une synthèse de toutes les « thérapeutiques » offertes par les « lieux magiques et sacrés » de l'Alsace et des Vosges, pratiquées dans l'antiquité.

D'importantes découvertes archéologiques ont été effectuées dans ce site occupé depuis l'aube de la vie.

Les travaux de nombreux archéologues, historiens, sociologues et chercheurs, convergent vers une même conclusion :

« Depuis la plus haute antiquité Grand fut un important centre pour la guérison du corps et de l'âme ».

Mais un épais mystère plane sur Grand. Pourquoi avoir choisi ce plateau déshérité, couvert d'épaisses forêts, au climat rude, balayé par les vents, à l'écart des grands axes routiers et commerciaux et... dépourvu d'eau.

L'explication de cette énigme nous est donnée par la radiesthologie.

Le site de Grand bénéficie d'une exceptionnelle Onde de Vie mesurant entre + 28 et + 35 au géodynamètre.

Outre la Gaule, d'autres civilisations se sont illustrées dans cette insolite médecine, notamment la Grèce, l'Egypte et l'Inde.

Epidaure et Pergame avaient acquis une réputation mondiale à cause de l'efficacité de leur thérapeutique, identique à celle de Grand.

Les vestiges de ces lieux présentent les mêmes particularités subtiles et la même intensité vibratoire que Grand.

Ces centres de cure se plaçaient sous le haut patronnage d'Asklépios, dieu de la médecine psycho-somatique.

Asklépios, homme-dieu, né de la légende, utilisa pour ses guérisons l'élément de Vie de la Gorgone, dont le regard hypnotique figeait à mort les hommes qui osaient le soutenir. Il usa aussi des fantastiques vertus d'une plante qu'un serpent lui avait fait découvrir.

Mais Hadès, le dieu d'en bas, irrité par ces miracles, foudroya Asklépios. Néanmoins le spectre du dieu continua de provoquer des guérisons miraculeuses en ses temples.

Les archéologues du XIXe siècle ont rapproché Grand de Grannus, nom d'une divinité solaire. Dieu guérisseur, dont le culte était répandu en Scandinavie et en Gaule du nord-est.

Le dieu Grannus fut assimilé à Appolon. Au fur et à mesure des fouilles archéologiques il se confirme que Grand - Grannus, installé au milieu des impénétrables forêts, a vraisemblablement été depuis les temps les plus reculés un lieu sacré très connu.

On a découvert à Grand une importante mosaïque qui faisait partie de la basilique. Il est étrange, mais peut-être révélateur, d'en faire un rapprochement avec la mosaïque des thermes de Caracalla à Rome qui comporte le même motif que l'abside de Grand.

Les fouilles ont mis à jour un hypocauste surmonté d'un pavement de dalles carrées de diverses couleurs qui paraissent avoir appartenu au bâtiment public abritant les thermes de la ville antique de Grand. Il n'existe pas de source à l'intérieur du village de Grand et il est fort probable qu'il n'en ait jamais existé.

Le sous-sol de Grand est parcouru d'un important réseau de canalisations soigneusement maçonnées et étanches qui auraient pu apporter l'eau à Grand par un aqueduc.

La thérapeutique sacrée de Grand était basée sur une cure de sommeil, « l'incubation », une forme d'hypnose occasionnée par les vibrations cosmo-telluriques.

Nous retrouvons à Grand ce phénomène « d'engourdissement » se rapprochant de celui de la Tête des Cuveaux.

Cette thérapeutique consistait probablement en rites purificateurs, bains, jeûnes, offrandes et sacrifices.

Selon la gravité du cas, le malade était admis à passer une ou plusieurs nuits dans des portiques-dortoirs sacrés du temple.

Le patient tombait en léthargie et son subconscient se purifiait en ces lieux magiques. (Une forme de dépollution du mental). Plantes, tisanes, macérations, complétaient évidemment le traitement.

Le malade se réveillait, dégagé des maux de son corps et de son âme, pourvu de directives (reçues en rêve, lors de l'incubation) pour sa vie future et rechargé en énergies vitales.

En 309, Constantin, à l'exemple de bien d'autres pèlerins-curistes illustres, comme l'empereur Caracalla, est venu bénéficier à Grand de cette surprenante thérapeutique vibratoire.

La terre magique et sacrée de l'Alsace et des Vosges possède de nombreux lieux où la guérison est favorisée par les interférences propices.

Les fantastiques vertus de ces hauts lieux vibratoires sont prêtes à sortir de leur torpeur et vous combler de leurs émanations bienfaisantes.

Il ne tient qu'à vous pour les réveiller et découvrir le monde merveilleux et étrange des énergies cosmo-telluriques.

LIEUX MAGIQUES ET SACRÉS D'ALSACE ET DES VOSGES

TROISIÈME PARTIE

Lieux magiques et sacrés du centre de l'Alsace et des Vosges

QUATRIÈME PARTIE
Lieux magiques et sacrés du nord de l'Alsace et des Vosges

CINQUIÈME PARTIE

SIXIÈME PARTIE
Le magnétisme cosmo-tellurique

SEPTIÈME PARTIE

Mr G. Altenbach
3 rue de la République
68500 Guebwiller

Mr Dodey
ch. Accacias
Steinbrunn Ht
(89) 81 35 83

Achevé d'imprimer
sur les presses
de l'Imprimerie Néo-Typo
25000 Besançon
Août 1984
Dépôt légal 52983